AUGUSTO LINS
COM MARCELA BOURROUL

5 *segundos*
O JEITO STONE DE SERVIR O CLIENTE

Prefácio
BERNARDINHO

PORTFOLIO
PENGUIN

Copyright © 2021 by Augusto Lins e Marcela Bourroul

A Portfolio-Penguin é uma divisão da Editora Schwarcz s.a.

PORTFOLIO and the pictorial representation of the javelin thrower are trademarks of Penguin Group (USA) Inc. and are used under license. PENGUIN is a trademark of Penguin Books Limited and is used under license.

Grafia atualizada segundo o Acordo Ortográfico da Língua Portuguesa de 1990, que entrou em vigor no Brasil em 2009.

CAPA Alceu Chiesorin Nunes
PROJETO GRÁFICO Ale Kalko
FOTO DO AUTOR Renato Parada
EDIÇÃO Atelier de Conteúdo
PREPARAÇÃO Alexandre Boide
REVISÃO Luciane H. Gomide e Clara Diament

Dados Internacionais de Catalogação na Publicação (CIP)
(Câmara Brasileira do Livro, SP, Brasil)

Lins, Augusto
  5 segundos : O jeito Stone de servir o cliente / Augusto Lins, Marcela Bourroul. — 1ª ed. — São Paulo : Portfolio-Penguin, 2021.

ISBN 978-85-8285-132-6

1. Administração de empresa 2. Atendimento ao cliente 3. Gestão de negócios 4. Tecnologia I. Bourroul, Marcela. II. Título.

21-54925   CDD-658.812

Índice para catálogo sistemático:
1. Atendimento ao cliente : Administração de empresas   658.812

Aline Graziele Benitez – Bibliotecária – CRB-1/3129

1ª reimpressão

Todos os direitos desta edição reservados à
EDITORA SCHWARCZ S.A.
Rua Bandeira Paulista, 702, cj. 32
04532-002 — São Paulo — SP
Telefone: (11) 3707-3500
www.portfolio-penguin.com.br
atendimentoaoleitor@portfoliopenguin.com.br

Sumário

Prefácio 9
Apresentação 13

Por que criar a Stone? 25
Servir o cliente 39
Tecnologia para melhorar a experiência do cliente 56
Começar pequeno pensando grande 73
Reunir gente boa e formar pessoas melhores que você 93
Mudar o mundo 112
Ser o impossível 124

Sugestões de leitura 129
Agradecimentos 131
Sobre os autores 135

*Geraldo Magela Rodrigues,
conhecido como Mineiro,
foi o cliente número 1 da Stone.*

Prefácio

Conheci a Stone há alguns anos, quando fui convidado por um de seus fundadores para um café e uma conversa, que nunca saíram da minha memória. A troca de ideias e a conexão entre nós foram tão especiais que me lembro não apenas do teor, mas do local onde nos sentamos, dos livros e de outros temas sobre os quais conversamos. Naquele primeiro encontro, o que mais me chamou a atenção foi a enorme preocupação na escolha das pessoas certas para o time.

Poucas semanas depois, eu estava com parte do time da empresa, não mais que 150 pessoas, para a final do processo seletivo chamado Recruta Stone. A obsessão deles em encontrar candidatos com absoluto alinhamento de valores é enorme. Inteligência, integridade e energia são os três pilares fundamentais nessa busca. A força da cultura daquela companhia que, até então, eu conhecia apenas de longe e a partir de uma única referência — as maquininhas verdes nos estabelecimentos comerciais — era contagiante. Agora eu a via de perto. Me identifiquei com aquela equipe.

Desde então, tenho participado de vários momentos marcantes da empresa e conhecido um sem-número de pessoas apaixonadas pela Stone e seu propósito. Gente que, de verdade, acredita que pode mudar o mundo, trabalha como um grande time e sabe lidar com a pressão de um mercado extremamente competitivo e dinâmico. Por isso, cuidar das pessoas é uma preocupação extrema na companhia. Juntas, elas buscam permanentemente soluções para os problemas, inovando sempre e usando tudo o que há de mais moderno em tecnologia, com o intuito único de servir o empreendedor, seu cliente e parceiro — mudar o mundo através daqueles que realizam, que geram renda e emprego, e proporcionar a eles todas as ferramentas e condições para que tenham êxito em seus negócios. Todo o time Stone vive disciplinada e intensamente seus valores, com foco nesse propósito arrebatador.

Por meio deste livro, o leitor terá a grande oportunidade de conhecer essa história de sucesso e as pessoas que fizeram ou fazem parte dela. Entender como o crescimento poderia fragilizar a empresa, mas como suas pessoas foram guardiãs intensas e incansáveis dessa cultura.

Os relatos de parceiros comerciais trazem cor à narrativa, mostram a vida real e o comprometimento verdadeiro com a causa de cada um dos empreendedores que fazem parte da história. O inconformismo das pessoas na busca por soluções, crescimento e evolução está presente nas páginas deste livro e se baseia em um elemento fundamental desse time: a humildade. Como diz um de seus fundadores: "Demita seu ego todas as manhãs".

Este é um livro inspirador para quem quer empreender, para líderes em qualquer área de atuação. E que traz em sua mensagem o que, a meu ver, é o mais importante nessa jornada: valores não são negociáveis, transgressões não são admitidas!

Uma leitura obrigatória para quem quer conhecer o Brasil que trabalha, persevera, sonha grande e nunca deixa de acreditar, construindo passo a passo a ponte que conduz às conquistas.

Bernardinho,
ex-técnico da seleção brasileira de vôlei

Apresentação

É tarefa fácil me reconhecer dentro da Stone: sou a única pessoa de cabelos brancos em meio a uma centena de jovens. E é assim desde que comecei a trabalhar com meus sócios, os fundadores da companhia, em 2013. Eles me fascinaram com sua paixão, visão de futuro, dedicação, vontade de aprender e energia para transformar o mundo.

Quando os conheci, eu já havia trilhado uma longa carreira no mercado financeiro. Coincidência ou não, nos encontramos justamente no momento em que eu questionava meus sonhos e o futuro do setor. Percebia que, com a chegada da internet e o crescimento do uso do telefone móvel, os hábitos de consumo estavam em transformação no mundo todo. Porém, sentia a maior parte dos profissionais mais preocupada em proteger o que haviam construído do que em fazer parte de um futuro que, na minha opinião, não tardaria em chegar.

Sempre fui curioso, entusiasmado com inovações e tecnologia. Me lembro de um dia da minha adolescência, quando meu pai voltou de uma viagem com o computador Apple II — equipamento que me inspirou a programar e ajudou a popularizar o computador pessoal para além dos aficionados por eletrônica. A vontade de participar do novo marcou minha trajetória, e foi provavelmente esse espírito inquieto que gerou uma identificação imediata com os garotos que idealizaram a Stone.

Desde cedo também tive vontade de empreender; uma inquietude que não me permitia ficar parado. Quando eu tinha sete anos, meu pai trabalhava no Banco Interamericano de Desenvolvimento (BID) e, para canalizar minha energia em alguma atividade produtiva, me levava a seu escritório todas as manhãs, onde eu engraxava os sapatos dos executivos. Depois, trabalhei como office boy por alguns anos antes de terminar a escola. Percorria a cidade do Rio de Janeiro inteira colhendo assinaturas, entregando documentos e pagando contas em bancos. Apesar dos perrengues, eu adorava.

Décadas antes de a Stone existir, me formei como engenheiro eletrônico pela Universidade Federal do

Rio de Janeiro. Vi de perto a chegada de novas tecnologias, como o Telejogo (um dos primeiros consoles de video game), o PalmPilot, o videocassete, a televisão em cores, a HP 25 usada pelo módulo lunar da *Apolo II*, o fac-símile e os primeiros aparelhos de telefone celular. Portanto, ao sair da faculdade, decidi empreender com alguns conhecidos que estavam abrindo uma empresa de desenvolvimento e venda de software, oferecendo produtos básicos, como processador de texto e planilha eletrônica. Como os computadores pessoais estavam ganhando popularidade, conduzi muitos treinamentos para grandes empresas, ensinando mais de 5 mil pessoas. Adorava servir, compartilhar conhecimento e trabalhar em uma área que era novidade para tanta gente.

Apesar do nosso crescimento, me sentia despreparado para continuar minha jornada como empreendedor. Sem formação em finanças, marketing ou gestão de pessoas, aprendia tudo do jeito mais difícil, apanhando na prática. Decidi então me matricular em um curso de MBA nos Estados Unidos.

A experiência expandiu meus horizontes e me incentivou a mudar de carreira. Encontrei no mercado financeiro uma maneira de ajudar as empresas a buscarem novas conquistas e sonhos. Dedicaria minha vida profissional a servi-las.

A satisfação de servir o cliente

Depois de uma carreira em bancos de investimento, em 2001 fui trabalhar em um banco de varejo na área de cartões de crédito, uma indústria promissora que crescia a elevadas taxas. Me tornei responsável pelas parcerias comerciais com as grandes varejistas, os chamados cartões cobranded. Era um trabalho apaixonante, pois me deixava mais perto dos consumidores. Adorava estar com eles, ouvir o que tinham a dizer e entender suas necessidades para além daquilo que verbalizavam. Fazia perguntas para investigar seus interesses e motivações. Se queriam comprar uma geladeira, nosso negócio era capaz de ajudá-las, mas ao mesmo tempo era preciso tomar cuidado para não prejudicá-las, incentivando um endividamento alto demais. A possibilidade de estar ao lado dos consumidores, de servi-los e ajudá-los em suas conquistas e resolver problemas que às vezes eles nem sabiam que tinham, me empolgava.

Em 2011, começaram a despontar inovações que tinham potencial para transformar o setor financeiro. A democratização da internet, o crescimento do e-commerce, o aumento no uso de smartphones, a omnicanalização do varejo e a digitalização em geral estavam mudando os hábitos dos consumidores.

Surgiam novas maneiras de comprar, e, consequentemente, era necessário desenvolver novas formas de fazer pagamentos. Me lembro da primeira vez em que usei meu cartão de crédito para fazer uma compra on-line. Como a maioria das pessoas, eu ainda desconfiava da tecnologia e tinha medo de fraudes. Comprei uma música no iTunes e fiquei alerta, esperando pelo pior. Nada aconteceu, além do download da música. Em pouco tempo, a prática já tinha virado um hábito, e para mim ficou claro que seria uma tendência irreversível. O crescimento de empresas como Skype, Amazon e Google não deixava dúvidas.

Eu sabia que precisava estudar e participar dessa nova onda de inovações, mas não encontrei espaço para isso no setor financeiro tradicional. Para a maioria das pessoas do mercado, aquele futuro soava como algo muito distante. Foi durante essa prospecção de novidades que conheci os fundadores da Stone.

Um senhor aprendiz

Em 2013, decidi perseguir um sonho novo e passar alguns meses estudando e investindo meu tempo em novas ideias. Guardaria na gaveta tudo o que havia aprendido até ali e começaria do zero. Quando deixei o grande banco em que trabalhava, muita gente me chamou de maluco. Mas a verdade é que eu estava abraçando o mundo VUCA — volátil, incerto, complexo e ambíguo —, no qual precisamos saber nos adaptar rapidamente, porque a única vantagem competitiva no longo prazo é a mudança.

Eu havia lido e adorado um livro de Steve Blank, um acadêmico e empreendedor do Vale do Silício, e descobri que ele daria um curso em Berkeley, na Califórnia. Se quisesse atualizar meus conhecimentos, não havia lugar melhor para começar minha jornada do que no epicentro das grandes disrupções tecnológicas. Depois de fazer minha inscrição, liguei para o pessoal da Stone. Só queria bater papo, mas eles começaram a falar em sonhos e na oportunidade de trabalharmos juntos com paixão, energia na voz e uma longa lista de ideias ambiciosas. Sinceramente, eu achava aquilo uma loucura. Por alguns meses, apenas conversamos. Ainda não era hora de eu voltar ao mercado.

Quando contei sobre minha viagem para Berkeley, eles decidiram fazer o curso comigo e me convidaram para, na sequência, acompanhá-los em um tour pelos Estados Unidos, onde visitariam várias empresas de pagamento norte-americanas.

Queriam ter referências para seu novo negócio. Eu topei, ainda sem saber que aquele seria o início de uma nova e emocionante jornada.

Por uma semana me vi rodeado por jovens de vinte e poucos anos conhecendo gigantes do setor. Não foi uma viagem qualquer. A sensação de que o futuro reservava muitas oportunidades no mercado de pagamentos se tornou ainda mais forte. A partir daquele momento, passei a considerar mais seriamente a ideia de me juntar àquela turma.

Comecei a frequentar o escritório deles para entender como trabalhavam. O objetivo era construir uma adquirente de cartão de crédito — empresa que processa e liquida as transações, comunicando-se com as bandeiras dos cartões e os bancos emissores. Na época, havia apenas duas grandes adquirentes autorizadas a operar no setor, mas o governo decidira abrir esse mercado para trazer mais competição. Os fundadores da Stone acreditavam que levando inovação para o setor conseguiriam destravar o potencial dos pequenos e médios negócios. Dando apoio para as pessoas sonharem e concretizarem seus planos, seria possível reduzir a desigualdade econômica e transformar o Brasil.

Foi em um de nossos primeiros encontros que eles me mostraram uma folhinha com os valores e a missão da futura empresa. Aquilo me chamou a atenção. Por que começar uma conversa pelos valores e não pelo plano de negócios? Eram frases ousadas: Pergunte, converse, investigue, estude fundo, busque. Só os curiosos descobrem. Estava muito bem-feito, e o mais interessante era que eles viviam diariamente os conceitos ali escritos. Repetiam as ideias durante as conversas. Havia, por exemplo, um garoto de 21 anos que passava o dia estudando e já entendia muito mais sobre pagamentos do que eu, que havia trabalhado anos no setor. Dessa forma, vi que os valores não eram só um desejo, eram a prática, formavam a base do que é a cultura da Stone hoje.

Conviver com eles me trazia lições diárias. Um dia minha mulher questionou: "Augusto, mas você não está em um ano sabático? Que sabático é esse que trabalha todo dia, sai cedo e chega tarde?". Dei risada, pois ela tinha razão, mas para mim era um privilégio. Estava vendo um negócio nascer, desenvolvendo novas habilidades, me divertindo enquanto aprendia. Eu podia colocar em prática minha curiosidade, inovar, resolver problemas e ainda aprender com gente melhor que eu. Quanto mais tempo passava no escritório com a equipe, mais vontade tinha de fazer aquele projeto deslanchar. Um dia, ouvi um deles dizer: "Quem vai mudar o Brasil é o jovem empreendedor". Essa frase me marcou. Fazia todo o sentido, e eu queria estar junto dessas pessoas.

Assim, me casei oficialmente com o projeto Stone. Comecei a trabalhar como parte do time, em que não havia um cargo definido — como até hoje não há para a maioria das pessoas. Meu papel era chamar a atenção para assuntos que eles consideravam muito distantes, mas com os quais, por causa da minha experiência, eu tinha intimidade.

Além de possuir contatos e acesso a potenciais clientes, também me dediquei a construir pontes com os órgãos reguladores. Me tornei o sócio da empresa que visitava o Banco Central, o Conselho Administrativo de Defesa Econômica (Cade) e outras instituições públicas. Meus cabelos brancos me serviam bem nessa missão, mas eu sempre levava os garotos para ensiná-los como fazer tudo aquilo. Hoje posso dizer com orgulho que eles superaram o "mestre". Com um time excepcional, desafiamos o concentrado mercado de adquirentes e reunimos um grupo de empreendedores dispostos a servir muito bem outros empreendedores, por mais trabalho que isso significasse.

Uma história para inspirar tantas outras

Mas como uma empresa vai de meia dúzia de aventureiros ambiciosos em uma sala no centro do Rio de Janeiro para uma companhia que em 2020, em apenas oito anos, valia 100 bilhões de reais e contava com mais de 500 mil clientes e um time de 6 mil pessoas?

A resposta é simples, mas a execução é difícil. O que levou a Stone tão longe e permite que a empresa continue crescendo é o seu jeito de fazer — sua cultura, seu propósito, seu DNA, aquilo que já estava sendo construído na folhinha com os valores listados por seus fundadores antes da constituição do negócio. É isso que atrai tanta gente boa, que impede que o time se acomode com os bons resultados, que torna cada pessoa obcecada em ajudar os empreendedores brasileiros.

A cultura é como um manual de instruções para guiar escolhas diárias e proporcionar firmeza na tomada de decisão, como se houvesse sempre uma voz na cabeça das pessoas dizendo "aqui trabalhamos assim" ou "isso não é tolerado aqui". É algo que se revela em cada interação com os clientes, nas reuniões internas, na dinâmica com parceiros e fornecedores, na postura adotada diante das mudanças do mercado e na reação espontânea nos momentos mais difíceis.

Tenho enorme admiração pelas pessoas da Stone porque testemunho diariamente a construção de uma cultura incrível e um ambiente de trabalho fértil para formar pessoas excelentes. Conservo meu olhar de alguém de fora, por tudo o que percorri até nossos caminhos se encontrarem, mas tenho orgulho de ser parte dessa história.

O projeto deste livro surgiu da intenção de registrar esse jeito de fazer para inspirar outros empreendedores brasileiros a sonhar e realizar, assim como aconteceu comigo. Nas próximas páginas, você conhecerá os fundamentos que levam a companhia cada vez mais longe, cumprindo sua missão de ajudar os clientes a vender mais, gerir melhor e ampliar seus negócios.

Como disse Peter Drucker, apenas três coisas acontecem naturalmente em organizações: confusão, atrito e baixa performance. Todo o resto precisa de liderança. Desejo que com este conteúdo em mãos os atuais ou futuros empreendedores possam se inspirar para serem os líderes — sobretudo de si mesmos — capazes de criar oportunidades e avanços para o nosso país e para o mundo. É certo que a jornada não será fácil, suave nem curta. Mas será intensa, transformadora e emocionante.

Por que criar a Stone?

Construir uma adquirente pode não soar, à primeira vista, uma ideia sedutora. Acredito que ninguém acorde sonhando em processar transações feitas com cartão de crédito e débito, fazendo a ponte entre bancos, bandeiras de cartão, usuários e lojistas. Os fundadores da Stone também não chegaram a essa decisão do dia para a noite. Havia um contexto e um caminho já trilhado que lhes permitiram perceber que esse mercado precisava de uma bela chacoalhada — e que fazer isso seria uma oportunidade de apoiar milhões de empreendedores brasileiros, uma vez que receber pagamentos era parte fundamental de sua rotina.

No início dos anos 2000, o setor financeiro do país, incluindo o mercado de pagamentos, era extremamente concentrado e verticalizado, o que limitava a escolha dos clientes. As adquirentes, acomodadas em sua posição dominante, prestavam um serviço que era percebido pelas pequenas e médias empresas como de pouca transparência, baixa qualidade de atendimento, inovação limitada e custos elevados.

Ao mesmo tempo, o mundo iniciava um processo de transformação digital acelerada. As empresas criadas no novo milênio preocupavam-se em oferecer uma experiência melhor para o usuário, com mais facilidade para navegar e acessar o que se desejasse. No caso do comércio eletrônico, parte dessa experiência dependia de permitir ao consumidor escolher o produto de forma simples, mas outra igualmente importante era pagar sem sofrimento. Uma marca no ambiente on-line poderia ter sua reputação questionada se não oferecesse uma maneira simples, rápida e segura de finalizar transações. Assim, pagamento virou sinônimo de branding e surgiu o espaço para a inovação, colocando pela primeira vez o cliente no centro do negócio.

Onde tudo começou

A vontade de criar uma nova realidade para facilitar a vida dos comerciantes no novo contexto on-line motivou um grupo de jovens a fundar, em 2004, uma empresa chamada Braspag. Foi a essas pessoas que, oito anos mais tarde, com a experiência acumulada no mercado de pagamentos e em um contexto de mudanças regulatórias, eu me juntaria para criar a Stone.

A Braspag era um gateway que processava pagamentos on-line e permitia a qualquer empresa, não só grandes varejistas, vender na internet. Em determinado momento, chegou a processar aproximadamente 80% dos pagamentos de todas as lojas on-line do Brasil, ajudando marcas como Apple, Google e Dell a entrarem no país, além de mediar o relacionamento entre adquirentes e lojistas — algo disruptivo para a época.

Havia até então apenas duas grandes adquirentes autorizadas a operar no setor: a Visanet, atual Cielo, então controlada pelo trio Banco do Brasil, Bradesco e Banco Real (hoje Santander), e a Redecard (hoje Rede), controlada pelo Banco Itaú. O duopólio deixava muito a desejar para os empreendedores, e os problemas demoravam a ser solucionados.

Desde essa época, já começavam a tomar forma os valores que, mais tarde, seriam fundamentais para a cultura da Stone. O principal deles era servir ao cliente em primeiro lugar, dando importância para suas reais necessidades. Guiada por esse princípio, a Braspag abraçou a oportunidade de ajudar os lojistas a solucionarem as queixas com as adquirentes, fazendo o meio de campo entre os dois lados para facilitar a integração e a conversão de transações.

No entanto, nos anos seguintes, ficou claro que esse trabalho não seria suficiente para transformar o mercado. Para equilibrar as forças entre lojistas e bancos e empoderar os empreendedores, era preciso criar uma companhia para competir em pé de igualdade, tratando os clientes com respeito e oferecendo serviços melhores e um atendimento mais humano, que dedicasse atenção às suas demandas. Porém, as regras vigentes ainda não permitiam que uma nova adquirente entrasse em cena.

Oportunidade para fazer diferente — e fazer a diferença

Em 2010, o governo brasileiro tomou a louvável decisão de aumentar a competição no mercado de pagamentos para dar mais eficiência ao setor, reduzir os custos e promover a inclusão financeira e social. Isso se deu pela retirada da exclusividade entre as bandeiras de cartões e as adquirentes — ou seja, a Cielo não teria exclusividade para capturar as transações da Visa, assim como a Redecard não teria para as da Mastercard. Uma janela de oportunidade se abria para que novos participantes entrassem no mercado. Era o empurrão que faltava para a turma da Braspag realizar a visão que vinha sendo construída nos anos anteriores: inovar no mercado de pagamentos para servir melhor os clientes não apenas como intermediária, mas como protagonista, com uma oferta mais conectada à necessidade dos comerciantes.

No dia 22 de junho de 2012, a Stone foi fundada, mesmo sem ter as licenças das bandeiras para operar como uma adquirente. Bem antes de o termo fintech entrar na moda, lá estava um grupo de meia dúzia de pessoas que iria chacoalhar o sistema financeiro e o mercado de pagamentos no Brasil. Na sequência, aprovou-se a Lei nº 12.865, de 2013, que deu ao Banco Central o mandato para disciplinar o mercado de pagamentos e, assim, criou o marco regulatório do setor de cartões, nivelando o campo de jogo.

Havia um propósito claro por trás de todo o esforço que seria colocado no novo negócio: ajudar os empreendedores brasileiros a vender mais, gerir melhor suas empresas e crescer sempre. Talvez seja difícil imaginar como uma maquininha verde usada para realizar transações financeiras é capaz de causar tanto impacto na vida dos comerciantes. O segredo não está no *o quê*, mas no *como*: tendo paixão pelo cliente, escutando suas dores e encontrando soluções para o que ele precisa. A maquininha é só a ponta do iceberg.

O contato com o cliente nos anos anteriores havia mostrado que os lojistas queriam um parceiro nos serviços financeiros. Afinal, toda empresa precisa receber dinheiro por suas vendas, fazer pagamentos de contas e boletos e, em alguns casos, antecipar valores para ter capital de giro. Os clientes reclamavam que os grandes bancos ofereciam esses serviços sem explicar de forma clara quais eram as regras do contrato nem se comprometer a encontrar uma solução quando problemas apareciam. O resultado era que os empreendedores viam essas instituições mais como obstáculos do que como parceiras — mais um desafio para superar na interminável lista de afazeres que tomavam seu tempo e os impediam de pensar no que realmente importava para o seu negócio: atender o consumidor.

Além disso, a maioria dos lojistas ainda tinha um sistema de gestão arcaico. O controle das vendas das lojas físicas, por exemplo, era o "espeto": uma estrutura de arame ao lado da maquininha de cartões onde se empilhavam os comprovantes impressos, presos por um furo no meio. Era olhando aqueles papeizinhos e fazendo uma somatória dos valores a receber que os donos dos negócios controlavam o fluxo de caixa e conferiam se as adquirentes estavam repassando ou não o dinheiro corretamente.

Foi nesse contexto que assumimos o desafio de criar uma solução para gerir com mais facilidade o processo de pagamentos. Claro que existiam no mercado outros profissionais com as capacidades técnicas e os conhecimentos necessários para montar uma adquirente. Com inovação, atendimento humano, baixo custo transacional e informações transparentes, queríamos ser os principais parceiros dos 27 milhões de empreendedores brasileiros, servindo-os de forma inédita e potencializando seu crescimento.

Um passo por vez, sem perder a ambição de fazer o melhor pelo cliente

Desde o início, nossa equipe vislumbrava muitas possibilidades para cumprir o propósito de ajudar os lojistas a vender, gerir e crescer. Afinal, eles precisam de uma maquininha rápida para fazer as vendas com cartão, mas também de uma conta para receber o dinheiro e de crédito para financiar o capital de giro do seu negócio. Precisam também de um sistema para fazer a conciliação financeira e de softwares para registrar as vendas, fazer controle de estoque, planejar o fluxo de caixa, registrar a contabilidade e organizar a folha de pagamento — e idealmente ter tudo isso em uma plataforma integrada.

Sabíamos que oferecer uma solução de pagamentos era apenas o começo, mas só esse primeiro passo já exigiria um esforço gigantesco. Nos primeiros meses, o time se dividiu em duas equipes: a de tecnologia, responsável pelo desenvolvimento de um sistema próprio; e a de negócios, dedicada a estudar o mercado, falar com clientes e entender as práticas do setor e as regras do Banco Central e das bandeiras, correndo atrás das autorizações necessárias e estruturando as áreas de suporte da empresa.

Com muita garra, nos tornamos o primeiro player independente do mercado brasileiro. Fomos uma das empresas mais rápidas do mundo a fazer a homologação da nossa plataforma junto a bandeiras de cartões, e conseguimos a licença de adquirente da Visa e da Mastercard em 2013. Oferecer aos clientes um serviço de pagamento que fosse uma alternativa de qualidade no mercado foi, por si só, uma jornada. As fronteiras seguintes foram exploradas aos poucos, respeitando o contexto, as novas regras de mercado e as oportunidades. Nos anos subsequentes, passamos a oferecer soluções como software de gestão e ERP, trazendo serviços de valor agregado de start-ups especializadas, e lançamos serviços de conta digital e de crédito, criando assim uma verdadeira integração. Seguindo um passo de cada vez, chegamos em 2020 a um portfólio completo para os negócios brasileiros, com milhares de clientes e planos ambiciosos e construtivos pela frente.

Os princípios inegociáveis

A história da Stone foi construída a partir de um princípio básico que nos diferenciava radicalmente das outras instituições financeiras: ouvir sobretudo o cliente para servi-lo da melhor maneira possível. As empresas no setor, assim como em outros ramos, estavam acostumadas a criar produtos rentáveis para si mesmas e depois colocá-los no mercado, convencendo os consumidores de que eram vantajosos. Era a lógica de dentro para fora, a de fazer o que interessa para o negócio e anunciar como a melhor solução para as pessoas. Adotamos a lógica inversa. O primeiro passo para tomar qualquer decisão e definir o produto é ouvir o cliente, entender a sua necessidade, desenvolver o que ele deseja ou precisa e entregar uma solução de acordo com uma demanda real. Por isso, desde o início da operação, o contato diário com os clientes e as visitas presenciais são tão importantes.

Foi ouvindo o cliente que descobrimos que o "espeto" era o principal instrumento de gestão, e que o empreendedor precisava de um serviço confiável para evitar a necessidade de verificar manualmente se cada pagamento seria de fato depositado na sua conta no valor correto e na data correta. Foi assim também que, uma vez estruturado o serviço de pagamento, descobrimos tantas outras oportunidades para atuar.

O crescimento da Stone se caracteriza pela capacidade de fomentar uma cultura forte, para que as pessoas saibam para onde vamos, o que estão fazendo ali, como devem se comportar e o que podem esperar como reconhecimento. Formar um time de excelência é inegociável desde o dia um, e ter valores claros é fundamental para que todos remem na mesma direção. A cultura evoluiu com o tempo, mas as crenças penduradas na parede desde 2012 continuam orientando boa parte do que fazemos hoje. Assim, vale reproduzir, na íntegra, o que estava lá desde a origem:

- Espírito de dono: comporte-se como dono, assim você será um deles. Você escreve o seu futuro.
- Simplicidade: seja humilde, vá direto ao ponto, reconheça seus erros, conserte rápido, você não precisa fazer o gol "de letra", só o gol. Precisamos ser rápidos para vencer.
- Conhecimento: pergunte, converse, investigue, estude a fundo, busque. Só os curiosos descobrem. Não aceite a ignorância.
- Obsessão por resultado: nada substitui o santíssimo lucro real. É a única maneira de garantir a perpetuidade. Só os paranoicos vencem.
- Meritocracia: só acreditamos em pessoas e organizações que valorizam e recompensam quem gera valor. Dividir o sucesso é fundamental para nossa existência.
- Franqueza: faz ganhar tempo e aproveitar melhor o potencial das pessoas. É a maneira mais barata e eficiente para administrar as expecta-

tivas e manter a lealdade das pessoas. Pratique a franqueza! É um hábito.
- Integridade: nada que seja antiético ou desonesto será tolerado aqui.
- Sucessão: entranhe a sucessão no seu DNA. Só existe promoção se houver sucessão. Cerque-se de gente melhor do que você: multiplique-se. Traga gente talentosa porque buscamos ser os melhores e traga gente "do bem" porque queremos ter orgulho do nosso time e prazer de trabalhar aqui.
- Ajude os outros: trabalhe em equipe e fomente os relacionamentos. Você só consegue ser grande se tiver um monte de gente colaborando com você.
- Paixão: faça o que gosta. Debruce-se com paixão em suas tarefas. A companhia é parte da sua vida e vice-versa. Ame-a ou deixe-a.
- Pense grande: dá o mesmo trabalho que pensar pequeno e você só vencerá as barreiras do dia a dia se elas forem pequenas perto do seu sonho!

Com o tempo, compreendendo o que os clientes precisam e sempre respeitando a essência da companhia, definimos três diferenciais competitivos: o relacionamento de qualidade com o cliente, a força comercial com um modelo de distribuição inovador e a tecnologia proprietária. Se o *quê* era menos importante do que o *como*, estabelecer um jeito Stone de fazer, genuíno e particular, foi o caminho para ganhar identidade e potência e, consequentemente, relevância em um mercado dominado por gigantes. Para se destacar e escrever um novo capítulo na história de meios de pagamentos do Brasil, seria preciso mais do que fazer diferente. Seria preciso realmente fazer a diferença.

INSIGHTS

Tenha princípios e valores claros. Saiba por que e por quem você está fazendo. O fato de a Stone, desde o início, ter clareza do seu objetivo e de como trabalharia para alcançar os resultados contribuiu para o seu crescimento e para que o time não se desviasse da rota traçada.

Ouça o cliente antes de tentar resolver o problema dele. Comprometa-se em servi-lo acima de tudo. Vá para a rua, converse, estude. Empreendedores devem criar soluções para demandas que existem na vida real, não apenas em sua imaginação.

Concentre-se em resolver uma dor. O problema que a Stone queria resolver, de prover serviços financeiros que facilitassem a vida dos lojistas, não era novo. Os radares já estavam ligados desde o início dos anos 2000. No entanto, a mudança regulatória trouxe a possibilidade de fazer um negócio diferente do que havia no mercado até então, como seus fundadores sonhavam.

Saiba para onde você está indo, mas não se afobe. O propósito da Stone de ajudar o cliente a vender, gerir e crescer permite à empresa oferecer diversos serviços. Mas esse portfólio foi construído aos poucos, pois o início impõe diversos desafios e barreiras.

Servir o cliente

A Mercearia Viana, próxima à praça Tiradentes, no centro de Curitiba, é uma padaria fundada em 1906 e gerida pelo seu terceiro dono, Gilmar Veronese. Ele tem na ponta da língua a explicação para o sucesso do comércio: "Acordo às cinco da manhã e saio do trabalho às dez da noite. Trabalho duas horas a mais que o meu concorrente pela manhã e duas horas a mais à noite".

Assim é a maioria dos empreendedores que a Stone atende — intensamente dedicados a seus negócios. Começam cedo, lidam com as burocracias, contas, pagamentos, reformas e tantas outras obrigações em um país com uma das maiores cargas tributárias do mundo. Apesar dos obstáculos, perseguem seus sonhos, gerando renda e emprego — os pequenos negócios, segundo estudo elaborado pelo Sebrae e Fundação Getúlio Vargas em 2020, respondem por 30% do valor adicionado ao PIB e criam mais da metade das oportunidades de trabalho formal.

Sua jornada é um tanto solitária. Em inúmeros casos, não têm em quem confiar para contar sobre seus desafios ou para resolver seus problemas de maneira rápida, o que torna a rotina mais desgastante e limita seu crescimento. O próprio mercado de pagamentos, por vários motivos, nunca facilitou a vida deles. Para ter uma maquininha, era preciso ir a uma agência bancária. Uma vez contratado o serviço, o equipamento demorava mais de duas semanas para chegar, sem muita orientação sobre como fazê-lo funcionar. Depois, se houvesse algum problema, vinha a longa espera para falar com a central de atendimento, enfrentando um "olá" robótico ou uma música repetida incontáveis vezes.

A Stone se propôs a entender e transformar essa realidade. Por isso, todas as decisões que tomamos desde o início foram pautadas por uma pergunta: como servir melhor os lojistas?

O cliente é a razão

Desde o início da empresa, a crença que nos guia é a de que o empreendedor merece pagar uma taxa justa pelo serviço que contrata e receber um atendimento humano e carinhoso, com pessoas interessadas em ouvir seus problemas e ajudar a resolvê-los rapidamente. Essa crença se traduz na máxima: o cliente é a razão.

Um exemplo disso está estampado nas paredes dos nossos escritórios, num quadro com o seu representante mais emblemático, Geraldo Mineiro. Pequeno empreendedor, comerciante de queijos e produtos artesanais de Minas Gerais, frequentava o nosso primeiro escritório, na rua da Quitanda, no Rio de Janeiro, para nos oferecer seus produtos, e nos tornamos seus clientes fiéis. Todo mês ele estava lá, atencioso e comprometido.

A história de Mineiro é de luta, como de tantos outros empreendedores. Com uma filha recém-nascida para sustentar, comprou uma caminhonete e pegou a estrada, vendendo queijo em grandes cidades como Rio de Janeiro, São Paulo e Brasília. Criado na roça, se intimidava com os prédios e o movimento, mas o medo não o paralisou. Pedia autorização para entrar nos andares e batia de escritório em escritório. Cada item que vendia era "uma glória", segundo suas palavras. Algumas vezes, caiu no choro no meio da rua, com a bolsa pesada de queijos nas costas, sem saber se daria conta de criar os filhos. Passado o desespero, seguia em frente.

No início de 2014, abordamos Mineiro em uma de suas visitas. "Gostaríamos que você vendesse, a partir de agora, com a nossa maquininha. A maquininha verde, mais simples e mais rápida." O sistema de adquirência havia ficado pronto, e era preciso fazer um último teste com uma venda real. Ele topou.

A primeira transação aconteceu em 14 de abril, às 16h, no valor de 99 reais. A expectativa era gigantesca. Na hora de passar o cartão, as pessoas se aglomeraram, olhando fixamente para o equipamento nas mãos de Mineiro. Pareciam crianças atrás de doce em dia de Cosme e Damião. Por alguns segundos, fez-se um silêncio carregado de dúvida. Quando o comprovante foi impresso, todos gritamos e aplaudimos.

O primeiro cliente seguiu nosso parceiro, dando feedbacks constantes. Esperava com paciência o negócio da Stone amadurecer porque se contagiava com a disposição que tínhamos para melhorar. "Eu falava que o sinal estava ruim, mandava foto. Hoje eles têm a máquina com o melhor sinal e o melhor serviço. Fomos juntos nessa jornada. Esses meninos olham muito o lado humano. Enquanto em outros lugares você demora horas para ser atendido, na Stone você liga, em cinco segundos eles te atendem e resolvem o problema", ele conta.

Para continuar servindo melhor pessoas como Mineiro, entendemos que não podíamos terceirizar as relações. Construiríamos internamente um serviço de atendimento e relacionamento, a estrutura comercial e a área de logística para entregar os equipamentos e a tecnologia. Manteríamos nossas próprias pessoas, com a nossa cultura de proximidade com os donos dos negócios, para identificar o que precisavam e resolver os problemas que surgissem. Oferecer uma experiência excelente não seria mérito de alguns indivíduos, mas a regra na empresa.

De gente pra gente

Assim que a Stone começou a operar, a primeira área estruturada foi o Relacionamento com o Cliente (RC), canal por meio do qual os lojistas entrariam em contato para tirar dúvidas ou fazer reclamações. Terceirizá-la era impensável. Não dava para delegar o setor que recebe as queixas em primeira mão e é um dos pontos de contato mais frequente da jornada com a marca.

Sem manual ou respostas prontas, o papel do RC nos primeiros meses foi descobrir formas simples de explicar temas complexos como o pré-pagamento dos recebíveis e as taxas, além de informar os outros times sobre eventuais erros e descobrir junto como resolver os problemas. Os representantes do RC sempre ficaram fisicamente muito próximos da área de tecnologia, para que os problemas pudessem ser corrigidos rapidamente. Certa vez, uma equipe lançou uma atualização do sistema da maquininha cheia de problemas e foi obrigada, além de resolver as falhas, a passar um dia atendendo às ligações para entender o tamanho da dor de cabeça que haviam criado.

A inspiração para o modelo de atendimento da Stone veio de referências em outras indústrias, como a Disney, que é mundialmente reconhecida por encantar pessoas de todas as idades, e a Zappos, varejista on-line de sapatos norte-americana comprada pela Amazon que ficou conhecida por sua obsessão pelos consumidores. Por diversas vezes, fomos a Las Vegas visitar e aprender com a Zappos. Uma das histórias mais icônicas foi a do atendente Steven Weinstein, que passou 10 horas e 43 minutos conversando com uma única cliente. A princípio, ela queria fazer um pedido, e o fez —comprou um sapato —, mas a ligação acabou sendo uma longa conversa sobre seu momento de vida. A ligação foi muito mais do que uma simples venda. O objetivo da Stone é que cada atendimento tenha essa mesma dedicação.

Por ser o principal canal de comunicação quando há um imprevisto na ponta, o RC reúne pessoas preparadas para chegar de maneira acolhedora a uma solução, mas principalmente disponíveis para criar vínculos. Conversam, perguntam como o cliente quer ser chamado e como está se sentindo naquele dia em vez de seguir um protocolo rígido de processos e scripts. Por agirem assim, batizamos os responsáveis pelo atendimento de "encantadores". Sua principal característica é conhecida internamente como o "sorriso na voz". A expressão traduz o diferencial do RC: o contato humano próximo.

O carinho é demonstrado também na eficiência do processo. As ligações são atendidas em média em até cinco segundos, e mais de 90% dos casos são solucionados na primeira chamada. Os clientes, acostumados a só resolver seus problemas em outras empresas com muito esforço e reclamação, se surpreendem com a atenção. Um dia, o RC recebeu uma chamada inusitada: "Oi, estou ligando porque tem um vendedor da concorrência na minha frente. Falei para ele que não vou trocar porque vocês são melhores. Peguei o telefone só para provar que me atendem em cinco segundos, obrigado!".

Os encantadores não se limitam a resolver o problema imediato, buscam ir além. Por exemplo, quando um cliente ligou para tirar uma dúvida e comentou que queria abrir uma filial de sua empresa no Rio de Janeiro, mas lamentou que o metro quadrado no Leblon estava muito caro. Ao finalizar a ligação, o encantador pesquisou imóveis comerciais vagos no Baixo Botafogo, uma região que estava se popularizando na cidade. Mandou um e-mail para o cliente com os contatos, explicando que ali havia uma oportunidade. Quando recebeu a mensagem, o empreendedor se impressionou. "Eu estava só jogando conversa fora e vocês me deram uma consultoria", disse num áudio de agradecimento.

Além da disciplina do dia a dia, no RC existe também o Momento Uau, que é o envio de mimos que demonstram a paixão pelos clientes, como quando mandamos uma carta escrita à mão e uma garrafa de champanhe para um empreendedor que, no meio de um atendimento para resolver o sinal da maquininha, comentou que se casaria depois de catorze anos de namoro.

Um dos fatores que permite manter a qualidade do RC é reunir pessoas com boa formação, bem preparadas e muito dispostas para fazer o atendimento, oferecendo também oportunidade de crescimento dentro da Stone. Vários líderes da empresa foram formados nessa área. Alguns continuaram em novas funções, e outros assumiram projetos diferentes usando tudo o que aprenderam a partir desse contato próximo com o cliente.

Aprendendo com os erros

A história da Stone é marcada por conquistas, crescimento, inovação, lançamento de produtos, mas também aprendizados. Em fevereiro de 2020, experimentamos o avesso do que pregamos sobre relações com os clientes. Terceirizamos a cobrança da carteira devedora em atraso, recebendo o pagamento antecipado e deixando que outra empresa cobrasse dos nossos clientes os valores devidos. Muitos empreendedores foram abordados, por telefone e e-mail, com ameaças de que, se não pagassem suas dívidas, teriam seus nomes negativados. Só percebemos o erro quando os telefones do RC dispararam outra vez.

Ao nos darmos conta do que havíamos causado, recompramos a carteira e enviamos uma carta de desculpas aos clientes. Reconhecer o erro e agir prontamente também é uma marca do nosso serviço. O caso ficou como um lembrete de que a Stone é feita de pessoas para pessoas. E relações humanas não podem ser automatizadas nem terceirizadas.

Agentes, muito além de vendedores

Decidimos também internalizar a estrutura comercial, e assim nos tornamos a primeira companhia a colocar gente na rua para vender maquininhas. Na época, quem quisesse adquirir um equipamento para aceitar cartões no seu estabelecimento precisava ir pessoalmente ao banco ou fazer uma ligação para contratar o serviço. A inspiração veio do sistema de rotas da Ambev: montar um time motivado, com trajetos predefinidos para visitar estabelecimentos comerciais.

A equipe inicial deu origem a uma estrutura de distribuição única e inovadora, com polos — ou hubs, escritórios regionais da Stone espalhados pelo Brasil — formados por mais de 2 mil pessoas que passam o dia visitando todos os ramos do varejo, independentemente do tamanho da loja e da localização geográfica. Assim como os encantadores, têm um nome especial: agentes. Eles assumem a responsabilidade de visitar clientes, manter a relação e resolver qualquer urgência, sempre com calma e bom humor. Vender é só parte do processo — o mais importante é ajudar os clientes a prosperar.

Em 2015, durante uma rota na Gávea, no Rio de Janeiro, um agente parou em uma papelaria que era um potencial cliente e perguntou ao dono se havia pensado na proposta, referindo-se à oferta feita em uma visita anterior. Em vez de responder, o empreendedor pediu algo inesperado: "Instalei um programa de computador e não estou conseguindo mexer. Você pode me ajudar?". O pedido não tinha nada a ver com o trabalho, mas o agente disse "Claro" e, minutos depois, constatou que o pacote Office havia sido instalado de forma errada. Em meia hora, resolveu o problema. Fechar a proposta foi consequência natural.

Em Maresias, litoral norte de São Paulo, um dos agentes da equipe responsável pela região estava descansando em casa no domingo quando, às dez da noite, recebeu uma ligação. Era Paulinho, dono de um bar que atendia. "A maquininha caiu e já era! Estou te avisando para você trazer uma nova para mim amanhã", disse. O bar perderia vendas naquela noite por não poder aceitar cartões. "Me espera que estou chegando", o agente falou enquanto pulava do sofá.

O cliente não entendeu. Sabia que o representante da Stone morava a 50 quilômetros de distância, e a viagem levaria uma hora. Mas, às onze da noite, lá estava ele com o equipamento novo.

De tanto cruzarem para lá e para cá em suas rotas, os agentes com a tradicional camisa verde não passam despercebidos. "Ô Stone!", gritam os lojistas. Às vezes, querem tirar uma dúvida ou resolver um problema; em outras, apenas contar sobre a própria vida. Acostumados com o atendimento com contato humano sempre próximo, estranham quando não recebem atenção. Quando um agente que fazia rota no centro de Aracaju assumiu um novo desafio na companhia, sua substituta ainda não estava acostumada com o jeito Stone. Nos primeiros dias de trabalho, não acenava para cada um dos clientes. Um deles se incomodou e chamou o responsável pela região. "Eu não pago por uma máquina, pago vocês porque tenho um relacionamento", disse. O carinho é nosso diferencial, e deve ser cultivado diariamente.

Green angels, os salvadores

A logística também foi estruturada com um time próprio para agilizar a entrega das maquininhas e orientar os clientes sobre sua instalação, algo que nossos concorrentes não faziam. É nessa área que estão outras figuras fundamentais para servir o cliente: os green angels, que passam o dia nas ruas salvando os lojistas. Eles fazem a entrega das maquininhas com um tempo médio de atendimento muito inferior ao praticado no mercado, além de proporcionar agilidade no serviço de manutenção, planejamento e controle dos estoques. Com suas motos verdes e equipamentos de proteção robustos com as cores da Stone, parecem super-heróis — algo não tão distante da realidade. Ágeis e sempre disponíveis, resolvem o problema de logística em tempo recorde no mercado de pagamentos.

Certa vez, uma cliente da Stone de Fortaleza viajou para Brasília para participar de uma feira de negócios. Porém, na correria da organização do evento, esqueceu-se de colocar as maquininhas na mala. Desesperada, pediu socorro a um agente da região. Assim que ela chegou ao aeroporto da capital federal, o angel já a esperava para entregar os equipamentos.

Os angels têm tanto entusiasmo pelo trabalho quanto os agentes. Há um vídeo emblemático, no qual um deles grita ao passar com sua moto em uma estrada de terra, em meio à natureza, no caminho para chegar a um cliente: "Isso aqui não é trabalho!".

Na tradição da empresa, existe um dia especial em que todos da Stone podem sentir essa energia, fazendo uma rota e conversando com os lojistas. É a chamada Onda Verde, quando as pessoas das mais variadas áreas vão para a frente do balcão e passam uma manhã acompanhando agentes e green angels em visitas a clientes pelo Brasil. Outro evento simbólico é o Único, quando todos os times que têm contato diário com o cliente se reúnem. Angels, agentes, encantadores e os líderes da empresa passam dias juntos para falar sobre estratégia e cultura.

A maquininha foi só o começo

Para ajudar o empreendedor brasileiro a superar os desafios de sua rotina, vender mais e gerir melhor seu negócio, sabíamos que a área de pagamentos era só o primeiro passo. Nos anos seguintes, integramos mais serviços de valor agregado a nossa oferta, investindo em empresas que tinham a mesma mentalidade de servir o cliente e trazendo-as para perto. Foi assim com os empreendedores da Equals, plataforma de softwares de gestão financeira; da Collact, software de programa de fidelidade; da Delivery

Much, que pretende democratizar o delivery no interior do país; e de outras empresas que compõem o ecossistema de softwares da Stone.

Em 2019, a estratégia de investir em software foi incorporada a uma visão mais ampla, batizada de Plataforma ABC, sigla para adquirência, banking (ou serviços financeiros) e crédito. A partir daquele ano, expandimos nosso portfólio, criando serviços de conta, pagamento, emissão de boleto e transferências e crédito, com o objetivo de no médio prazo oferecer em um único aplicativo diversas soluções para o cliente.

Foi de Barra dos Coqueiros, em Aracaju, que veio uma das histórias mais emocionantes do impacto da estratégia ABC. Francisco Tintino sonhava em ter um açougue, a partir do conhecimento que tinha adquirido como funcionário em outro estabelecimento, e começou investindo 5 mil reais num pequeno expositor de carne refrigerado. Fundou a Casa da Carne do Chicão. Seu agente passava quase todos os dias por lá e via que as vendas não iam bem. O negócio precisava de mais investimento para crescer, mas Francisco não tinha dinheiro para isso. Quando começamos a conceder crédito aos clientes, o agente viu que havia 80 mil reais pré-aprovados para o açougue.

Era início da noite de uma sexta-feira, e ele saiu correndo para contar a novidade ao cliente. Chegando lá, abriu o celular e mostrou o valor disponível. Francisco tomou um susto e ficou com os olhos marejados de emoção. De forma simples e rápida, pegou um empréstimo e começou uma reforma em sua loja. A ampliação do negócio foi a melhor forma de Francisco nos agradecer e mostrar que estamos avançando na direção certa.

INSIGHTS

Sorriso na voz. Tenha prazer em servir o cliente e trate as pessoas com carinho. Muitas vezes elas precisam apenas de alguém para ouvi-las, com quem possam dividir seus sonhos e frustrações. Gratidão traz emoções incríveis.

Resolva o problema. Quando o cliente mostra que há algo errado, o time precisa ter agilidade e autonomia para solucionar a questão com a maior rapidez possível. Também é fundamental transparência: reconhecer o erro e pedir desculpas.

Fique sempre perto do cliente. Nas empresas, é comum que algumas áreas estejam mais afastadas do cliente, imersas nas operações de bastidores, mas é preciso criar rotinas para que elas tenham contato direto com quem usa os produtos e serviços.

Descubra novos jeitos de servir. Os clientes costumam indicar o que pode melhorar e quais demandas a empresa não está atendendo. Use seus feedbacks para melhorar processos, produtos e atendimento ao cliente.

Tecnologia para melhorar a experiência do cliente

Na Stone, sempre fomos apaixonados por tecnologia. Desde o início, acreditávamos que se tratava de uma área que, se altamente especializada, traria um enorme diferencial à empresa. Seria um meio de servir o cliente com mais eficiência, aprimorar sua experiência, desenvolver produtos com mais velocidade, aumentar a produtividade e oferecer serviços financeiros ao menor custo possível.

Embora em diversas situações a interação pessoal seja insubstituível, a tecnologia é, sim, capaz de humanizar a operação. Para pequenos e médios empresários, por exemplo, faz diferença ter alguém de carne e osso os ajudando a resolver problemas, porque dão muito valor ao contato humano. É assim que a maioria deles trata seus consumidores, portanto reproduzimos essa interação em nosso atendimento. No entanto, em alguns contextos, máquinas e sistemas são mais efetivos. Automatizar certas tarefas contribui para eliminar erros e permite que as pessoas tenham mais tempo para fazer o que só elas são capazes: trabalhar com empatia e resolver dilemas complexos.

Quando um cliente liga para a Stone, é atendido por uma pessoa em um tempo médio de cinco segundos. Não há uma longa fila de espera nem transferências infindáveis entre ramais. Os canais funcionam 24 horas por dia, sete dias por semana. O encantador do outro lado da linha sabe exatamente quem está chamando, e na tela de seu computador aparecem informações sobre a empresa em questão, seu histórico de contatos e o motivo mais provável de sua ligação. Essa tecnologia permite agilidade e eficiência, e faz com que nove em cada dez problemas sejam resolvidos na primeira ligação.

Ricardo Linck, dono do Maya Café, no Rio de Janeiro, foi surpreendido por esse atendimento. Escolheu ser cliente da Stone porque segundo ele as empresas concorrentes ou demoravam a atendê-lo ou o ignoravam. Nunca entendia direito quanto deveria pagar pelo aluguel das maquininhas ou quais taxas eram cobradas, então decidiu aceitar a oferta de um agente Stone. Um dia, Karina, sua esposa e responsável pelo financeiro, ligou para o RC com uma dúvida. Um encantador atendeu com um animado "Oi, Maya Café, bom dia!", e ela levou um susto ao ouvir o nome do restaurante. Quase desligou, achou que fosse engano. Só depois de escutar a continuação da chamada entendeu que o sistema identificara o seu estabelecimento para poder ajudá-la de forma mais ágil — e achou ótimo. A tecnologia, portanto, humaniza a operação.

Em uma empresa de pagamentos, a tecnologia é muito mais do que uma forma de ganhar eficiência, está na base da criação do negócio para desenvolver produtos, inovar e processar as transações de forma rápida e segura. Portanto, foi a primeira área da Stone. Além de uma empresa de pagamentos, na prática sempre fomos uma empresa de tecnologia.

Desde o início, reunimos desenvolvedores para construir uma plataforma e infraestrutura do zero, dentro de casa, 100% brasileira. A estratégia foi traçada a partir de estudos do mercado de pagamentos e viagens ao redor do mundo. Em 2010, em todos os países, o setor estava em transformação, e ficou evidente que uma equipe interna dedicada aos sistemas seria essencial para sermos protagonistas nas mudanças e corrigir a rota mais rapidamente quando necessário. Enquanto os concorrentes brasileiros contratavam terceiros para cuidar do desenvolvimento de software, logística e atendimento, fomos na direção oposta, internalizando tudo, para dominar o conhecimento e usá-lo a favor dos clientes.

Montar uma área de tecnologia própria era um caminho mais difícil e longo, então a maior parte das empresas optava por terceirizá-la. Nós demoraríamos mais para entrar no mercado e assumiríamos a responsabilidade de lidar para sempre com nossos sistemas. Porém pesamos os riscos e consideramos as vantagens de ter uma plataforma sob nosso controle, feita para escalar, com menos restrições de ajustes, sem atalhos. Quando o objetivo é de longo prazo, às vezes é preciso fazer a difícil escolha de não colher resultados imediatos.

O começo do impossível

Em muitos momentos da nossa história, ouvimos que nosso sonho era impossível. Uma das primeiras vezes foi quando decidimos construir a tecnologia dentro de casa. Não seria simples criar uma plataforma moderna com alta disponibilidade e um modelo escalável, que no longo prazo representasse uma vantagem competitiva em relação aos concorrentes que dominavam o mercado.

Para um sistema de adquirência funcionar, são necessários inicialmente quatro componentes principais sincronizados. Primeiro, uma solução de ponto de venda para que o lojista receba pagamentos, ou seja, uma plataforma por meio da qual é feita a cobrança do consumidor — no caso das lojas físicas, a tão conhecida maquininha. Segundo, um sistema que autorize, processe e monitore as transações e que esteja ativo 24 horas por dia, sete dias por semana, com altas escalabilidade e disponibilidade. Terceiro, um sistema de compensação que controle a cobrança do banco emissor, conciliando corretamente o pagamento de cada compra para pagar o lojista. Quarto, uma infraestrutura para pagar os lojistas no tempo combinado, enviando para a sua conta o dinheiro das transações realizadas.

Apesar do desafio, acreditávamos no nosso time. Sem nos deixar contaminar pelo ceticismo do mercado, fomos em frente. Tínhamos ao nosso lado pessoas com experiência em construir sistemas proprietários complexos de pagamentos e e-commerce. Elas haviam participado da criação do Sistema de Pagamentos Brasileiro (SPB), da Braspag ou trabalhado em outras empresas nascidas no mundo digital, como Netcredit, Site Blindado e Sieve (todas haviam recebido investimentos dos fundadores da Stone). Os responsáveis pela área fizeram escolhas com base em muito estudo, pesquisaram as novas plataformas às quais teriam que se conectar para construir a empresa e, aos poucos, reuniram gente capaz de colocar a estratégia em prática. Era um grupo confiante em sua capacidade de lidar com os diversos desafios que uma infraestrutura própria demanda.

O sistema de captura de pagamentos da Stone começou em novembro de 2012 com duas pessoas, que contratavam novos desenvolvedores a cada semana. Não era necessário educação formal na área — o único pré-requisito era ter paixão por programação e estar alinhado com o sonho da empresa. No final de 2013, havia cerca de vinte pessoas no time. O ambiente era informal, e muitos trabalhavam de bermuda e chinelo. O chão do escritório era um misto de fios, trilhos, rasgos no carpete e extensões com benjamins para ligar os computadores que iam chegando à medida que a equipe crescia. Porém, a infraestrutura longe da ideal era compensada pela energia e dedicação das pessoas ao estudo constante e ao trabalho incansável, enquanto estivessem acordadas.

Um dos primeiros passos para começarmos a operar era homologar nossa plataforma com as bandeiras Mastercard e Visa. O papel principal da bandeira é fazer as adquirentes falarem a mesma língua que o sistema financeiro e definir os papéis e as regras dessas interações. A certificação começou pela Mastercard. Os estudos para entender seu protocolo se iniciaram no primeiro semestre de 2013 e só terminaram no segundo. Um dos líderes da área de tecnologia que esteve envolvido nesse trabalho aprendeu com profundidade uma nova linguagem de programação em uma semana — um aprendizado que geralmente leva meses, acelerado por muita pesquisa e conversa com quem entendia do assunto. Uma vez terminado o processo com a Mastercard, era hora de concluir a certificação da Visa. Dessa vez, a homologação só levou um mês, e fomos uma das empresas mais rápidas do mundo a fazê-la. Estávamos prontos para iniciar a operação. Conseguimos o impossível estudando e trabalhando muito.

As primeiras transações foram para clientes de e-commerce e capturadas pela Mundipagg, empresa dos fundadores da Stone que oferecia soluções para pagamentos no varejo digital. A estratégia comercial foi começar pelo mercado on-line para aproveitar o grande conhecimento do ambiente que o time detinha e o fato de ser um mercado menos assistido.

Apesar do esforço hercúleo para colocar a operação de pé, não foi um início tranquilo. Houve inúmeros erros, como casos de transações duplicadas, que resultavam em duas cobranças para uma mesma compra. Era frustrante decepcionar o lojista que estávamos tentando ajudar, mas fazia parte do risco de levar adiante uma operação diferente de todas as outras.

Dessa época, dois aprendizados ficaram marcados. O primeiro foi que o trabalho só estaria concluído quando o cliente estivesse feliz e satisfeito. O time de tecnologia continuou trabalhando incansavelmente e se mobilizando para encontrar soluções. Seus integrantes sentavam-se ao lado do RC para detectar as falhas com mais rapidez. E continuavam motivados porque sabiam que toda a construção até ali só teria sentido se o produto funcionasse. Levantar da mesa com o problema resolvido é o espírito que permanece até hoje. A segunda lição foi a importância de ser transparente com o cliente, pedir desculpas e corrigir o erro rapidamente.

Como o sonho da Stone era grande, depois de alguns meses o time acelerou e deu o passo seguinte: atuar no mundo físico. Para isso, a equipe de tecnologia aprendeu a programar o software que controlava o POS (Point Of Sale), o sistema da maquininha de cartão. Assim como havíamos feito com as bandeiras, os profissionais aprenderam tudo o que era preciso e deixaram a máquina pronta em meados de 2014.

Por ter uma tecnologia 100% proprietária, a Stone era a primeira adquirente no mundo capaz de credenciar o cliente, implantar o serviço e instalar a maquininha no mesmo dia da visita do agente. Com isso, transmitia uma imagem de modernidade, inovação e confiança para o lojista, que deseja ter, acima de tudo, uma empresa com a qual possa contar.

Atualização constante

Nos anos seguintes, alguns princípios inegociáveis basearam a estratégia de crescimento da área de tecnologia. Primeiro, sempre utilizar linguagens modernas que permitam desenvolver sistemas com altas disponibilidade e escalabilidade. Segundo, ter uma arquitetura descentralizada de interfaces de programação (ou APIS, da sigla em inglês para "application programming interface") e microsserviços, pois é mais eficiente do que contar com um único grande sistema monolítico com múltiplas funções e permite mais flexibilidade para melhorias. Terceiro, ajustar permanentemente os sistemas legados (sistemas obsoletos que permanecem em operação e que costumam ser complexos e de difícil manutenção). Assim, por termos criado uma plataforma com menor tempo de resposta e baixo custo de manutenção e de operação, foi possível crescer com rapidez.

No entanto, o fato de a tecnologia ser interna não torna a vida na Stone mais suave. Com o crescimento acelerado, houve momentos em que não adotamos as melhores soluções técnicas. Como costuma dizer um dos líderes da área de tecnologia, enfrentamos "uma constante batalha" para corrigir erros, discutir soluções, diminuir o tempo de processamento das transações e aumentar a capacidade. Quando um problema está resolvido, há sempre outro tão urgente quanto esperando a vez. Mas o critério de escolha da Stone é único e claro: o que fará mais diferença para o cliente.

O cenário pode parecer assustador, mas essa é a natureza do trabalho em TI. É essa dinâmica eletrizante que ajuda a atrair pessoas para a equipe. Na Stone, cuidar dos problemas de tecnologia é encarado como uma oportunidade de tornar ainda mais eficiente um sistema do qual milhares de empreendedores brasileiros dependem — um desafio grandioso e motivante. A mudança permanente tem a ver com uma característica intrínseca à área: a tecnologia muda, novas ferramentas surgem, linguagens e plataformas mais simples e eficientes são criadas. A máxima de aprender constantemente e se aprofundar nos estudos é uma questão de sobrevivência.

Uma das únicas certezas é a de que as necessidades dos clientes continuarão evoluindo. No varejo, aumentarão as vendas on-line e a necessidade de digitalização. Será preciso investir na melhoria da experiência de compra, na jornada do cliente e em serviços de valor agregado. Em relação às novas tecnologias, é preciso acompanhar tendências como blockchain, pagamentos contactless, wallets, além das mudanças que a telefonia 5G trará, potencializando a internet das coisas (IoT, sigla inglês para "internet of things"). O comportamento do consumidor também muda rapidamente, e as pessoas querem cada vez mais comprar com um único clique, atendimento em vários canais, simplicidade e personalização. Por fim, a regulamentação, especialmente no Brasil, segue uma agenda de mudanças com o Pix — o sistema de pagamentos instantâneos do Banco Central —, a legislação de open banking, que está mudando a forma como os dados são compartilhados na indústria financeira, e a Lei Geral de Proteção de Dados Pessoais (LGPD), com novas regras para o tratamento de dados dos clientes nos meios físicos e digitais.

É preciso vislumbrar novas oportunidades e preparar-se para elas, o que só é possível com um time campeão. Apesar de passar o dia imerso em linhas de código, correção de bugs e desenvolvimento de novos sistemas, o time de TI da Stone não esquece que suas ações geram impacto na qualidade do produto e no nível de satisfação do cliente, que é a nossa razão de existir.

Otimizar processos internos

Um dos nossos objetivos ao investir em tecnologia é ganhar eficiência e diminuir custos, automatizando processos que já não precisam ser executados por pessoas. No entanto, a ideia não é eliminar pessoas, e sim liberá-las para tarefas com maior valor agregado, em que fazem melhor uso de seu potencial e concentram-se no que exige mais inteligência e habilidade de encantamento.

A base de dados de uma empresa aumenta à medida que ela cresce. É a tecnologia que permitirá que esse volume enorme de informações seja processado para gerar conhecimento e se antecipar aos problemas. Não é fácil construir essa infraestrutura, mas vale a pena. A cultura de servir o cliente, combinada com ferramentas inteligentes, potencializa a nossa capacidade de atender cada vez melhor os empreendedores. Fomentamos o uso de dados para tomar decisões bem informadas e nos manter em contato com o que de fato está acontecendo. Decidimos, por exemplo, monitorar a jornada do cliente utilizando dados de diversos pontos de contato seus com a empresa. Sabemos quando ele interagiu com o time comercial, quando pediu ajuda ao RC e o quanto transacionou nos dias anteriores. O conjunto de informações está registrado em uma ferramenta analítica, chamada Xavier, que gera insights sobre qual será sua mais provável dificuldade seguinte.

Automatizar os processos tem um valor reconhecido por muitas empresas. O grande problema é a dificuldade de implementação. Para a Stone, o que fez a diferença foi tornar essa uma responsabilidade não apenas do setor de tecnologia, mas dos líderes de todas as áreas. Cada time, do jurídico ao financeiro, precisa descobrir quais processos podem e devem ser automatizados e qual a melhor maneira de fazer isso. Também fazemos diariamente o exercício de priorizar, definindo em quais frentes o uso de tecnologia vai ter mais impacto para o cliente ou para fazer a empresa ganhar velocidade e eficiência e diminuir os erros.

A área de Gente, por exemplo, utiliza tecnologia para otimizar o Recruta, o processo seletivo da Stone, que se tornou o maior do Brasil, com mais de 100 mil inscrições em 2020. Usando ferramentas de people analytics em parceria com a start-up Mindsight, com testes de lógica, avaliações social, motivacional, de perfil e de fit cultural, o time consegue gerir os milhares de candidatos com eficiência e fazer melhores escolhas, sem o viés de avaliadores que poderiam selecionar currículos de acordo com parâmetros pessoais. Já os candidatos, com base nos testes, recebem um feedback personalizado para que entendam as competências avaliadas e ganhem maior conhecimento sobre suas habilidades e oportunidades de desenvolvimento. Isso é a inteligência de dados usada em favor dos humanos.

Tecnologia para digitalizar o varejo

Ter uma área de tecnologia própria e robusta permitiu à Stone desenvolver de forma inédita novos produtos e serviços para seus clientes: evoluir de uma adquirente, que colocava uma maquininha no balcão dos empreendedores, para uma plataforma integrada de serviços financeiros, como conta digital, Pix e crédito. Com a estratégia ABC, passamos a empregar nossa infraestrutura e nosso conhecimento para apoiar ainda mais os lojistas em novas frentes. Utilizamos os dados disponíveis com responsabilidade e inteligência para oferecer serviços mais justos, personalizados e acessíveis e entregar, em uma única plataforma, simples e intuitiva, uma experiência multiprodutos para resolver todos os problemas dos clientes.

Desenvolver tudo do zero permitiu conhecer profundamente os sistemas, o que auxiliou nossa equipe a entender o potencial da indústria e criar outras soluções a partir da base já existente. A companhia também se tornou referência em prover tecnologia digital para grandes empresas ao oferecer infraestrutura de pagamento para varejistas, subadquirentes, outras fintechs e wallets.

Para o balcão dos lojistas, já em 2019, levamos soluções para apoiar a digitalização do varejo, com softwares que ajudam a controlar suas finanças de maneira mais simples, gerir os dados dos consumidores, criar programas de fidelidade e vender on-line. O objetivo é que os clientes melhorem a experiência de venda para seu consumidor e automatizem atividades manuais que lhes tomam muito tempo. Pequenos e médios negócios precisam se tornar mais digitais para ganhar eficiência e se adaptar aos novos hábitos de consumo. O uso intensivo de tecnologia será fundamental para manter as empresas competitivas nos próximos anos.

Durante a pandemia do novo coronavírus em 2020, houve um avanço considerável na digitalização da sociedade. As pessoas migraram boa parte de suas vidas para o ambiente on-line, das compras às interações sociais. Muita gente superou a resistência aos serviços digitais, como os de pagamentos de contas e transferências de dinheiro. Com a distribuição do auxílio emergencial do governo federal, milhões de consumidores antes à margem do sistema financeiro abriram suas contas digitais. A inclusão financeira gerou maior inclusão social. Ainda é difícil prever o alcance dessa transformação, mas haverá certamente muitas consequências positivas: novas demandas a serem resolvidas e muitos empreendedores precisando de ajuda para atender à exigência de uma sociedade mais digital. Para descomplicar os desafios, será mais do que nunca necessária a combinação que nos move: tecnologia colaborativa aliada ao foco no cliente.

INSIGHTS

Use a tecnologia para humanizar. Automatizar tarefas e usar a tecnologia para processar o enorme volume de informações com o qual as empresas lidam hoje contribui para eliminar erros e permite que as pessoas tenham mais tempo para fazer o que só elas são capazes: acolher, trabalhar com empatia e resolver dilemas complexos.

Domine a tecnologia para fazer ajustes rápidos. Criar um time interno responsável por tecnologia pode não ser o caminho mais fácil, porém permite uma adaptação mais rápida às mudanças e desenvolve conhecimento para lançar novos produtos.

Atualização sempre. A tecnologia evolui rapidamente, então é fundamental estudar, desenvolver novos sistemas, eliminar códigos velhos, integrar novas ferramentas e identificar oportunidades de melhorias o tempo todo.

Use os dados a serviço do cliente. Informações bem organizadas e devidamente interpretadas contribuem para entender melhor os clientes, se antecipar a demandas, decidir qual serviço oferecer para quem, quando e como, e contratar as melhores pessoas de forma mais acertada.

Começar pequeno pensando grande

A lógica que guia a Stone é fazer tudo o que é possível hoje com a ambição de ir um pouco além todos os dias. Sabíamos que o desejo de facilitar a vida dos empreendedores não seria alcançado no curto prazo. Por isso, começamos pequeno, colocando um tijolo por vez e formando um time disposto a descobrir na prática quais caminhos deveriam ser pavimentados em direção ao objetivo maior.

Além do enorme aprendizado, para cada projeto inédito sair do papel, é preciso muita energia, realizar inúmeros testes e lidar com falhas. As ideias que se revelam as melhores para servir o cliente são as escolhidas para ganhar escala, e as que não dão certo viram combustível para fazermos melhor no dia seguinte — a inovação só acontece em um ambiente que permite a experimentação e tolera o erro.

No início da empresa, nosso time era pequeno, e todos ficavam em um mesmo andar. Era eletrizante ver as pessoas correndo riscos, tocando as iniciativas com agilidade, fazendo experimentos e medindo seu impacto. Tínhamos uma ideia numa noite, acordávamos com ela formatada, implementávamos pela manhã e a colocávamos em operação à tarde. Nosso desafio é manter esse ambiente de teste e aprendizado como parte de nossa cultura, independentemente do tamanho que alcançamos.

Crescendo com polos

A criação dos polos seguiu o princípio de começar pequeno e ir testando as oportunidades. Em 2015, os agentes atuavam somente na cidade do Rio de Janeiro. Um deles, dono de uma casa em Cabo Frio, a cerca de 170 quilômetros da capital fluminense, foi passar um fim de semana na Região dos Lagos. No domingo, ao se deparar com um trânsito intenso na estrada no trajeto de volta, decidiu ficar um pouco mais por lá e esperar o movimento diminuir. Aproveitou a oportunidade para oferecer a maquininha da Stone a lojistas em Cabo Frio. Acabou fechando negócio com três lojistas — um recorde na época. Quando voltou para o escritório, sugeriu alugarem uma van para levar o time a Cabo Frio e fazer um teste com mais agentes para ver se o negócio decolaria.

Nasceu assim o primeiro polo da Stone, que tinha a casa do agente como escritório. Em dezembro, quatro meses após a abertura do escritório, a produtividade da cidade era melhor do que a do Rio de Janeiro. O vínculo que os agentes criavam com os lojistas, entendendo a necessidade de seus negócios em uma região pouco visada pela concorrência, conquistava cada vez mais gente. Estava claro que havia uma oportunidade inexplorada no interior do país.

Com a tese validada nesse experimento, decidimos expandir para regiões fora dos grandes centros urbanos. No entanto, os primeiros polos depois de Cabo Frio, como Guaratinguetá, no interior de São Paulo, e Chapecó, em Santa Catarina, não mostraram o desempenho esperado. Uma boa ideia nem sempre dá certo de primeira, mas são desses momentos que levamos os maiores aprendizados.

Sabíamos que a estratégia tinha potencial, mas estávamos tendo dificuldade para executá-la. Então, inspirados pelas lições do professor Vicente Falconi, consultor que é referência em gestão no Brasil, fomos atrás das raízes do problema. Concluímos que estavam relacionadas a questões de pessoal, gestão e liderança, e entendemos que era preciso se concentrar em uma região, criando densidade de polos em uma localidade antes de abrir outra frente. Esse ajuste foi inspirado no modelo de expansão da rede varejista norte-americana Walmart, que estudamos na época.

Corrigimos o que estava dando errado e, em 2017, organizamos uma "máquina" de montagem de infraestrutura remota e contratação de pessoas, abrindo mais de um polo por semana de norte a sul do país. O ritmo acelerado mantido nos anos seguintes nos permitiu organizar um eficiente sistema de distribuição nacional B2B e assim atender presencialmente donos de negócio em mais de 1500 municípios brasileiros.

Risco consciente

A logística da Stone — uma área complexa mesmo para quem entende do assunto em um país de tamanho continental como o Brasil — também foi construída com pequenos passos e um sonho ousado. "Vamos ser malucos e montar tudo sozinhos" era a primeira frase do documento que apresentava o plano para criar esse departamento dentro da Stone. O ano era 2014, e a maluquice surgiu da convicção de que era preciso ter um atendimento eficiente e integrado, diferente do que havia no mercado, em que a entrega das maquininhas para os lojistas muitas vezes era demorada. As primeiras perguntas a serem respondidas pela logística da Stone eram: Em quanto é possível reduzir o tempo de entrega? Como fazer isso?

A equipe inicial não dominava o assunto, então os profissionais aprenderam a montar uma operação do zero, visitando empresas especializadas para identificar as melhores práticas e oportunidades de avanço. Foram quatro meses de pesquisa até que, em 2015, criamos processos e começamos a ter resultados positivos.

Nas primeiras cidades em que a logística própria começou a operar, o estoque ficava no apartamento em que os agentes moravam. Na sala, em vez de sofá ou mesa de jantar, havia dezenas de caixas empilhadas cheias de maquininhas, bobinas e material de marketing.

Uma das mais importantes lições iniciais foi sobre prevenção de acidentes. Sabíamos que a animação para empreender e correr riscos precisava caminhar lado a lado com a segurança. Afinal, os green angels, responsáveis por levar as maquininhas aos lojistas, rodavam as cidades de moto, expostos a perigo a todo momento. Para evitar acidentes, reforçamos o compromisso com a segurança: padronizamos os equipamentos de proteção e a frota renovada e estimulamos uma mudança de comportamento com a criação de uma música chamada "Faz o checklist, bebê", que transformou a lista de itens de segurança em um chiclete para os ouvidos.

Conforme a logística ia amadurecendo, o atendimento aos clientes foi se tornando mais ágil e também mais humano e personalizado. Mas é preciso salientar que levamos cerca de quatro anos para ter a eficiência que desejávamos — em algumas regiões entregando maquininhas no mesmo dia do chamado do cliente. A mentalidade de começar pequeno precisa estar associada à consciência de que alcançar a excelência requer tempo, paciência e motivação.

Para alcançar um sonho, é preciso seguir sempre em frente, com aperfeiçoamento constante, e atuar de forma quase paranoica para identificar todos os problemas e resolvê-los rapidamente, sem complacência. Na Stone, acreditamos que a compreensão e a resolução dos problemas só são possíveis pela combinação de prática, teoria e reflexão. Não adianta só fazer, sem parar para pensar. Da mesma maneira, é difícil avançar apenas imaginando cenários no quadro-branco. O diálogo entre a experiência e as referências deve ser constante. Por isso, estimulamos as pessoas a dedicar tempo ao estudo e buscar conhecimento novo em outras áreas.

Buscar inspirações

Apesar do orgulho que sentimos das soluções inéditas que criamos para resolver os problemas dos clientes de forma mais simples, eficiente e humana, referências externas sempre contribuíram para o nosso trabalho. Acreditamos que, para fazer diferente da concorrência, precisamos beber de outras fontes para melhorar e nos inspirar com outras indústrias, no Brasil e no mundo.

Para nós, inovar não é um processo solitário. É preciso compartilhar questões e dilemas, incorporar as respostas já encontradas por quem também trabalha com excelência e estudar o que já existe para superar novas barreiras.

Por isso, sempre ouvimos muito nossos investidores, para aprender com eles. Estudamos os modelos de negócios de empresas que admiramos e que têm algo a nos ensinar, como Disney, Zappos, Microsoft e Ambev. Frequentamos eventos internacionais para conhecer tendências do comportamento do consumidor, do varejo e do setor financeiro. Ficamos próximos de acadêmicos e consultores especializados no mercado financeiro. Aprendemos com pessoas que consideramos referências em liderança e gestão, como o já citado professor Vicente Falconi, Bernardinho, ex-técnico da seleção brasileira de vôlei, ou o militar norte-americano Jocko Willink, que após se aposentar do Navy Seal, um grupo de operações especiais da Marinha dos Estados Unidos, passou a compartilhar lições sobre disciplina, autoconhecimento, responsabilidade e trabalho em equipe.

A lógica por trás dessas conexões é ter por perto os melhores mentores e conselheiros, para que as nossas pessoas continuem aprendendo e tendo novas ideias.

Mindset dos gigantes

Começar pequeno é muitas vezes a única possibilidade. Tornar-se grande, no entanto, é uma decisão — você é do tamanho do seu sonho, e não apenas no sentido de tamanho, mas também de gana para competir com os melhores. Essa determinação se dá primeiro na cabeça das pessoas, que ajustam sua mentalidade para ir além do que à primeira vista parece factível. Sabendo aonde querem chegar, começam pelo projeto possível e, em algum momento, dão mais um passo para realizar o sonho. Elevam o nível de profissionalismo, colocam mais inteligência e disciplina no negócio e estruturam-se para alcançar os concorrentes que são as referências do mercado.

Mas quando fazer isso? O timing nem sempre é óbvio. É necessário atenção para identificar uma janela de oportunidade, coragem para correr riscos, planejamento para mitigar os problemas visíveis e certa dose de intuição. Para a Stone, a decisão de mudar de patamar foi tomada pela primeira vez após uma grande aquisição.

Em fevereiro de 2016, depois de dois anos crescendo com recursos próprios, nos deparamos com a oportunidade de dar um salto. Naquele momento, tínhamos 8 mil clientes na carteira, 150 pessoas no nosso time e cerca de 0,5% do mercado brasileiro de adquirência. O plano de escalar a operação de forma orgânica nos animava. Foi então que vimos a oportunidade de investir em uma concorrente com aproximadamente 2% do mercado, mas que passava por dificuldades.

A Elavon do Brasil era a subsidiária de uma das maiores adquirentes do mundo, mas a operação do Brasil passava por dificuldades, e o negócio havia acumulado centenas de milhões de reais em prejuízo. Na transação, o comprador pagaria apenas um real para assumir o controle, mas assumiria todos os problemas do passado. Na época, havia a sensação de que, se grandes bancos fizessem a compra, possivelmente haveria restrições por parte dos reguladores antitruste, uma vez que o mercado ainda era muito concentrado e a preocupação com a competição era crescente.

Quando nos colocamos como um dos potenciais interessados, o prazo para a decisão final era apertado: um fim de semana. Após montar uma força-tarefa para analisar os números, chegamos ao consenso de que a transação era possível. Apesar dos riscos e desafios de adquirir uma empresa deficitária, com quase quatro vezes o nosso tamanho, era uma oportunidade ímpar para expandir e elevar nosso nível de competitividade. Foi o trabalho fantástico do nosso time jurídico, que virou noites revendo os papéis e analisando milhares de documentos em duas semanas, que nos permitiu concluir a transação rapidamente.

Após uma reunião inicial tranquilizadora com os times, a integração entre as duas empresas foi desesperadora. Em cem dias, teríamos que reverter o prejuízo mensal, tornar a combinação de negócios lucrativa e lidar com o choque cultural, já que as organizações tinham maneiras completamente diferentes de operar. De um lado, jovens de camiseta e bermuda. De outro, executivos e executivas engravatados e de tailleur. Mas as roupas eram só a ponta do iceberg que sinalizava as diferenças entre as duas empresas.

Ainda que trabalhássemos com as melhores intenções para resolver os problemas sem perder o foco nos clientes, a inexperiência para comandar tamanha transição resultou em diversos erros e ruídos na comunicação com o time da nova empresa. Quem viveu aquele período se lembra dele como um dos mais difíceis da nossa história. Lidar com a reorganização dos processos, com a transformação cultural, com a saída de pessoas e com a pressão para estancar o prejuízo era novidade demais em tempo de menos. Apesar de termos tomado decisões corretas — em novembro de 2016 já havíamos atingido o equilíbrio financeiro da nova operação —, em alguns momentos erramos no timing e na gestão dos processos. Logo nos primeiros dias, fizemos uma simbólica quebra de paredes, com a intenção de eliminar as salas de diretoria no escritório da nova empresa para deixá-lo aberto, como o da Stone, uma arquitetura que aproximava o time e a liderança. Depois percebemos que não precisávamos ter sido tão precipitados.

Os erros, porém, nos deixaram diversos ensinamentos. Foram meses relevantes de aprendizado e amadurecimento para a equipe, inclusive do ponto de vista da formação de líderes. Passada a pior fase, era como se todos tivéssemos feito um MBA intensivo, nos preparando para os desafios futuros — e muitos ainda estavam por vir.

Os três pilares do crescimento

Para sustentar a sonhada expansão, entendemos que precisaríamos estar sempre atentos a três pilares. Primeiro, alocação de capital. Para crescer, é necessário investir e arriscar mais. No entanto, nossa estratégia sempre foi crescer com rentabilidade, jamais queimar caixa sem a perspectiva de retorno financeiro. Por isso, cada movimento é definido com muita disciplina em relação ao uso dos recursos. Qual valor faz sentido alocar para cada iniciativa de expansão? E de onde virá o dinheiro? Qual é o retorno financeiro de cada iniciativa e como ele se compara ao custo de financiamento? São questões que precisam ser respondidas a cada grande passo. Mesmo quando a Stone passou a valer bilhões de dólares, mantivemos a mentalidade de cuidar com atenção do nosso dinheiro. Ser grande e ter um caixa sólido não significa deixar de estudar custos e fazer muitas análises antes de investir em grandes projetos.

Segundo, alocação de talentos. Atrair muita gente boa, disposta a sair constantemente da zona de conforto, construindo algo para o qual jamais imaginavam ter capacidade — afinal, explorar novos horizontes é estar sempre navegando por caminhos desconhecidos. As pessoas devem estar em sintonia com a paixão, energia e ambição da empresa, realizando-se pessoal, profissional e financeiramente. Precisam também estar dispostas a viver de acordo com a cultura da empresa e perpetuar isso para os novos que chegam, pois o jeito de ser é o que permite à companhia seguir em uma única direção, seja qual for o tamanho.

Terceiro, fomentar a cultura da inovação. A capacidade de inovar constantemente é a única vantagem competitiva sustentável no longo prazo. Pensar tudo diferente, o tempo todo, em todos os lugares. Questionar permanentemente o que há e vislumbrar o que pode se tornar. Melhorar processos, automatizar funções, criar produtos, elevar o nível do serviço. Ficar parado não é uma opção.

Continuar indo além

Não há limites para os sonhos. No caso da Stone, o propósito de ajudar os empreendedores brasileiros a vender mais, gerir melhor seu negócio e crescer faz com que haja sempre novos horizontes para imaginar e explorar.

A abertura de capital foi um marco na nossa história, pois sinalizava o compromisso de continuar nossa expansão por meio da combinação entre novas fontes de capital e as melhores práticas de governança corporativa. Em 2018, o IPO na Nasdaq, bolsa norte-americana na qual estão concentrados os negócios de tecnologia e start-ups, trouxe maior exposição e relevância para a empresa. A partir dali, deixaríamos de nos posicionar como um negócio em fase de teste e incorporaríamos toda a disciplina de processos, riscos e controle que uma companhia aberta deve ter. Com 230 mil clientes e cerca de 5,5% do mercado de adquirência no país, fazia sentido abrir mão do título de start-up.

A jornada até a abertura de capital, apesar de ser uma conquista enorme, também começou com passos pequenos. Inicialmente, contratamos um consultor para orientar os passos a serem seguidos. A organização dos relatórios de contabilidade, um trabalho hercúleo iniciado no final de 2017, começou quase um ano antes da estreia na Nasdaq. O time financeiro analisou cada nota fiscal da companhia. Incontáveis caixas empilhadas com os documentos lotaram uma das maiores salas do 11º andar do escritório em São Paulo. Cada nota registrada era um passo que nos levava mais perto do IPO.

O momento foi vivido com a intensidade e animação características da empresa — porque crescer só tem graça se houver entusiasmo. Ainda que todos os banqueiros, investidores e empresários estivessem acostumados com a situação, para a Stone tudo era uma novidade emocionante. Em tempo recorde, selecionamos os assessores e preparamos os relatórios e documentos para iniciar o processo junto à SEC (Securities and Exchange Commission, agência regulatória americana) e à Nasdaq. Ninguém melhor que as próprias pessoas da Stone para escrever e detalhar a estratégia da empresa no prospecto, documento com todas as informações aos investidores.

Apesar do tempo limitado, o roadshow foi intenso e abrangente. O time à frente do IPO viajou por seis cidades por nove dias e conversou com mais de 350 investidores. O processo envolveu muita emoção e exigiu coragem e convicção até o último instante: perto do dia marcado para a abertura de capital, o contexto azedou. A tensão econômica entre Estados Unidos e China gerou uma forte desvalorização nas bolsas americanas, a disputa pela eleição presidencial no Brasil estava acirrada e houve rumores de uma tentativa de invasão aos nossos sistemas. Diante dessa conjuntura, alguns especialistas sugeriram o adiamento do IPO. Mas estávamos convictos de que nosso negócio era bom no longo prazo e de que as circunstâncias macroeconômicas não afetariam seu valor. Apesar das turbulências, decidimos seguir em frente, e foi um sucesso. Desse desafio, ficou o aprendizado de que, em grandes decisões, não se pode baixar a guarda com a sensação de "já ganhou" — é preciso manter a vigilância e refletir a cada passo até a conclusão do que nos propusemos a fazer.

Então, chegou o dia mais esperado, em que nossas ações começaram a ser negociadas. Cento e vinte pessoas da Stone, muitas com seus próprios meios, decidiram participar do evento na sede da bolsa em Nova York — haviam sido parte da construção de tudo aquilo, e queriam testemunhar esse momento histórico. O time da Nasdaq nunca tinha visto algo parecido. Estávamos todos de camisa verde, gritando, pulando e entoando gritos de guerra. Entre nós, estava Geraldo Mineiro, o primeiro cliente, que foi quem tocou o sino da abertura do mercado naquele dia, uma homenagem a todas as pequenas e médias empresas brasileiras para que o propósito da existência da companhia seja sempre lembrado.

Assim que os ânimos se acalmaram, aos poucos fomos colocando os pés no chão. Apesar de o IPO ter sido um momento feliz e a concretização de um sonho construído desde 2012, era apenas mais um passo na direção do objetivo maior. A rotina dos empreendedores brasileiros seguia cheia de desafios, e o foco continuaria sendo servir o cliente.

No prospecto da oferta do IPO, divulgado no início de outubro de 2018, a Stone já dava uma dica do que estava por vir: a exploração do nosso canal de distribuição para oferecer outros produtos. "Estamos trabalhando ativamente para nos posicionar como o parceiro de tecnologia financeira preferido do pequeno varejo no Brasil, oferecendo uma gama de serviços financeiros e alavancando nossa plataforma flexível para incorporar soluções adicionais para o comércio, tornando nossos clientes mais produtivos", dizia o texto. Assim foi feito.

A estratégia de oferecer soluções de valor agregado com software surgiu de conversas com nossos investidores internacionais. Foram eles que primeiro vislumbraram a possibilidade de entrarmos nesse mercado. Compreendendo que essa poderia ser uma nova avenida de crescimento no Brasil, decidimos nos aprofundar no tema. Organizamos visitas a empresas de software que estavam conquistando o mercado dos Estados Unidos: Coupa, Constellation, Square, Stripe e Toast. Foi a partir dessas inspirações que começamos a desenhar nossas soluções de gestão para o pequeno e médio empreendedor brasileiro.

Como em toda nossa história, começamos com um passo pequeno. Passamos a investir em start-ups especializadas em nichos de mercado que resolviam problemas específicos, como gestão de restaurantes ou automatização de salões de cabeleireiro. Após formarmos um ecossistema com mais de uma dúzia de empresas e ganharmos mais conhecimento sobre o setor, em 2020 demos um novo grande salto: negociamos a aquisição da Linx, uma das líderes no mercado brasileiro de software de gestão para o varejo.* A decisão foi tomada pela convicção de que as soluções de software, somadas às de meios de pagamento e serviços financeiros da Stone, seriam capazes de acelerar sua estratégia de digitalizar o varejo.

A lógica, portanto, segue a mesma: estudar o mercado, descobrir oportunidades para continuar ajudando clientes, começar pequeno para aprender e, se fizer sentido, expandir, com o time correto, energia e ambição. Com esse método, há muito mais a ser conquistado.

---

* Até a publicação deste livro, o fechamento do negócio ainda dependia da autorização dos órgãos reguladores.

INSIGHTS

Comece pequeno. Antes de movimentos agressivos de expansão, teste, tire ideias do papel e descubra o que funciona para o negócio. Construa aos poucos até ganhar segurança e forme um time que goste de aprender, na teoria e na prática.

Ajuste a rota sem complacência. A única certeza que vem junto com o fazer é errar, e só há crescimento quando as falhas são encaradas com coragem. É preciso ser paranoico, buscando problemas o tempo inteiro e trabalhar para corrigi-los.

Tornar-se grande é uma decisão consciente. Disputar com os melhores do mercado requer, além de inteligência, disciplina e, de vez em quando, movimentos ousados, uma mentalidade sempre orientada a chegar muito mais longe.

Espírito de start-up. Mantenha o espírito de uma empresa pequena com muita disciplina, humildade, foco nos custos e contratação de gente boa.

Reunir gente boa e formar pessoas melhores que você

Uma fábrica de esticar pessoas. É assim que muita gente enxerga a Stone. Provavelmente porque sempre demos espaço para que gente talentosa trabalhasse com autonomia para tomar decisões, realizar projetos e aprender algo novo todos os dias, aplicando o máximo de suas habilidades.

Desde o início, procuramos trazer para o time pessoas com perfis complementares, capazes de questionar e aprimorar o que estava sendo construído. Sabíamos que, para o negócio crescer na direção certa com a velocidade necessária, precisávamos reunir muita gente boa. Nos primeiros anos de operação, todos tinham um compromisso: contratar pelo menos dois profissionais melhores que si mesmos por ano. Era preciso ter humildade para dar oportunidade ao outro, dividir as decisões e aprender com isso.

Também sempre acreditamos no potencial dos jovens, dando a eles responsabilidades desde o primeiro dia na companhia e ampliando sua autonomia à medida que produzem resultados. Os que ainda estão na faculdade não são tratados como estagiários que só estão lá para aprender. Todos têm liberdade para aplicar sua inteligência e curiosidade para encontrar soluções para desafios complexos. A Stone tem muitos líderes com vinte e poucos anos com a função de gerir áreas inteiras, administrar bilhões no departamento financeiro ou orientar centenas de encantadores no RC.

Eu me lembro de uma ocasião, ainda nos estágios iniciais da Stone, em que perguntei a um dos líderes do time de tecnologia, com um terço da minha idade, como ele escolhia os desenvolvedores. "É só perguntar em que linguagem a pessoa programa. Dependendo da resposta, eu sei se ela tem a mentalidade do mundo corporativo, o que não funciona para mim. Filtro boa parte dos candidatos assim." Ele havia encontrado uma maneira simples de resolver um problema que para mim parecia muito complexo.

Concluímos desde cedo que gente boa só gosta de trabalhar com gente boa, e decidimos jamais nos contentar com padrões medianos. Tínhamos convicção de que alguém não tão comprometido pode prejudicar o desempenho do grupo. Um ambiente com pessoas talentosas faz com que um profissional incentive o outro a se superar. A promessa de trabalho na Stone não é a de uma vida fácil, e sim de oportunidade de crescimento profissional e do firme propósito de melhorar a vida dos clientes e contribuir para a sociedade.

Seguindo a máxima de que mais importante do que definir cargos é escolher quem se quer por perto na jornada, o escopo de cada um pode mudar com frequência. Em uma empresa de crescimento exponencial como a Stone, é difícil se limitar às caixinhas do organograma, com funções e hierarquias bem definidas. "Hoje, a tarefa pode ser automatizar pagamentos na tesouraria ou planejamento comercial. Talvez amanhã tenha outra coisa completamente diferente na mesa. Não contratamos para um cargo, queremos alguém excepcional para se juntar a um desafio: ficar conosco no longo prazo e empreender o negócio", explica um dos líderes do financeiro.

O processo de seleção na Stone tem, portanto, o objetivo de identificar o potencial dos candidatos, suas competências, suas crenças e seus valores, além do quanto estão dispostos a superar seus limites, assumir responsabilidades e se desenvolver de forma permanente. Quem eles realmente são e o quanto se identificam com o propósito de servir o cliente importa mais do que suas experiências anteriores. Aliás, alguns dos líderes da companhia atualmente nem sequer concluíram sua formação universitária. "Quando eu entrei no processo seletivo, fiquei apaixonada, porque em todos os outros, sem exceção, o primeiro item que as empresas olhavam era o currículo. Na Stone, não. Eles começaram fazendo perguntas pessoais e enviando um questionário sobre minha vida", conta uma jovem que entrou em 2015 na companhia e hoje é uma das líderes da área de pessoas.

O perfil de gente que buscamos tem três traços indissociáveis, que são avaliados nas entrevistas: inteligência, integridade e energia— uma máxima inspirada nos parâmetros de contratação do investidor norte-americano Warren Buffett. São essas as forças necessárias para que cada um possa empreender dentro da empresa, se adaptar a novos cenários e trabalhar sem manual de instruções, já que a única certeza na indústria financeira é a de que tudo vai mudar.

Inteligência

A Stone busca pessoas com grande habilidade cognitiva e interesse em aprender, e não necessariamente as que têm mais anos de estudo ou diplomas. Mesmo sendo jovem, inexperiente ou sem base em determinado assunto, é possível dar um jeito de descobrir e assimilar o conhecimento que for necessário. Acreditamos que, além de suas habilidades naturais, todos têm capacidade de desenvolver muitas outras. Para isso, é preciso aprender a aprender, descobrindo o método que funciona melhor para cada um: ler, ver vídeos, fazer cursos, ficar perto de gente que sabe mais.

A atualização constante é fundamental em indústrias complexas e em plena transformação — duas características do mercado do qual a Stone faz parte. Para ter uma atuação bem-sucedida nessa arena, é preciso mergulhar com profundidade nos temas que fazem parte da rotina.

Um advogado que se juntou ao time em 2015 para organizar a área de relações institucionais certa vez comentou sobre seus primeiros dias na Stone. Ele ficava impressionado que, em cada canto, havia alguém diante de um quadro-branco explicando um conceito ou tirando dúvidas. Sobre as mesas, ficavam as pilhas de livros em que as pessoas rabiscavam e marcavam o que mais lhes interessava. Quem estivesse de passagem tinha liberdade para entrar em qualquer discussão como ouvinte e aprender junto. Essa cultura se perpetuou, e as pessoas se habituaram a compartilhar desafios e informações o tempo todo, sendo ou não aquele assunto de sua alçada formal. Atualmente, a Stone tem uma plataforma chamada Studa, que incentiva o aprendizado contínuo oferecendo conteúdos personalizados de acordo com as habilidades a ser desenvolvidas.

Valorizamos imensamente a inteligência emocional, ligada ao autoconhecimento, conscientes de que pode ser sempre incentivada e desenvolvida. Como afirma Daniel Goleman, psicólogo especialista no assunto e autor do best-seller *Inteligência emocional*, habilidades como resiliência, empatia, colaboração e comunicação distinguem os profissionais incríveis dos medianos. Por isso, as conversas com as pessoas que desejam trabalhar na Stone incluem muitas perguntas que começam com "por que", além de questões pouco triviais para entrevistas de emprego: O que te inspira? O que você mais aprendeu com sua família? O que te traz felicidade? Assim, investigamos o quanto as pessoas conhecem sobre si mesmas e como lidam com questões que vão além do desempenho objetivo.

Energia

A segunda característica que buscamos nas pessoas é energia: um motor próprio que gere disposição para solucionar problemas de qualquer tamanho, proatividade para correr atrás do que precisa ser aperfeiçoado e obsessão para entregar o melhor para a equipe e para os clientes.

Quem tem energia trabalha de maneira aguerrida, anima os demais e cria ambientes positivos e cooperativos. Mesmo que precise trabalhar de madrugada, aos finais de semana ou ajudar outras equipes, não faz isso por obrigação ou cobrança, mas pela motivação para se superar, atingir seus próprios objetivos e contribuir com sua parte para o todo.

A energia costuma estar associada à paixão. Quem ama o que faz investe muitas horas num mesmo assunto para se aperfeiçoar. Como descreve Bob Rotella, renomado psicólogo do esporte e autor do livro *How Champions Think*, pessoas excepcionais não se sentem exaustas, mas extasiadas por terem a oportunidade de se dedicar àquilo que amam. Energia também está associada à resiliência e à capacidade de encontrar forças para fazer cada vez mais e melhor mesmo após momentos de dificuldade.

É preciso ter muita energia para acompanhar a intensidade do trabalho inerente à operação da Stone. O pessoal costuma brincar que na empresa vivem "anos de cachorro", referindo-se ao fato de um ano na vida do ser humano ser o equivalente a sete na vida do animal. Em pouco tempo, as pessoas têm experiências que talvez levassem muitos anos para adquirir em outro contexto — ou, quem sabe, nunca tivessem.

Integridade

A terceira característica inegociável para nós é a integridade. Como o próprio Buffett alerta, sem ela, a combinação de inteligência e energia pode ser fatal. Ser íntegro é entregar resultados sem nunca abandonar o compromisso com a ética, não cometer nem tolerar deslizes, sempre pensar em um bem maior e agir de maneira coerente com os próprios princípios.

A Stone chegou até aqui com base na confiança — e só existe confiança se houver um ambiente com sinceridade nas intenções. Pegar atalhos é proibido. Em nosso negócio, é preciso seguir regulações, pagar impostos corretamente, falar a verdade para a equipe e ser transparente com o cliente. A mentira pode criar vantagens ilusórias no curto prazo, mas gera sofrimento e complicações no longo prazo. Um único desvio de conduta pode manchar de forma irreversível uma reputação que levou anos para ser construída.

Reforçamos que as pessoas devem agir com a motivação certa e educar aqueles que não estiverem seguindo o mesmo caminho. Ninguém é demitido porque não teve sucesso em uma iniciativa bem fundamentada. O inaceitável para nós é ferir os outros em benefício próprio, omitir problemas ou mentir.

Não importa aonde você vai, mas com quem você vai

Uma frase muito dita na Stone é que o mais importante é escolher com quem você vai para depois decidir aonde ir. Muita gente se juntou à empresa por admirar não só o que estava sendo construído, mas também quem era responsável por essa construção. "Eu sabia que o melhor jeito de aprender era estar perto dos melhores professores e das melhores pessoas, e na Stone eu encontrei isso", diz um dos atuais sócios, que começou a trabalhar na empresa durante as férias da faculdade.

Atrair e manter gente excepcional dentro da empresa é um círculo virtuoso. Quanto mais pessoas inspiradoras a companhia reúne, mais elas cativam novos talentos para se juntarem ao time. Em 2016, uma jovem recém-formada foi chamada para uma entrevista mesmo sem conhecer nada sobre o mercado de meios de pagamentos. Tinha se inscrito para a vaga após a insistência de um amigo que já trabalhava conosco. Apresentou-se para a conversa sem acreditar que tinha chances reais e sem saber exatamente se era aquilo que queria. Quando a entrevistadora chegou, sua energia mudou. Com os olhos brilhando e força na voz, ela falava com entusiasmo sobre a Stone. Logo, a candidata foi "convertida", como ela brinca, convencida de que era naquele projeto que queria embarcar.

O esforço de recrutar pessoas é responsabilidade de todos. Cada um na Stone deve dedicar um pedaço de sua semana para falar sobre a empresa para pessoas de fora, conhecer potenciais candidatos e fazer entrevistas. É preciso manter o fluxo de atração e continuamente colocar gente boa para dentro.

Outra maneira que temos para encontrar novos talentos é estar perto das melhores escolas ou organizações que promovem iniciativas educacionais, nas quais há jovens com potencial e dedicação acima da média, sedentos por conhecimento e novos desafios. Os representantes da companhia criam vínculos com as melhores universidades do Brasil e do mundo, além de instituições como a Fundação Estudar, que custeia bolsas de estudo para graduação e pós-graduação fora do país. Também organizam palestras, participam de eventos, fazem parcerias com empresas júnior de faculdades e estão sempre envolvidos em debates sobre empreendedorismo, fintechs e start-ups. Assim, permitem que mais gente boa conheça o propósito da empresa e, quem sabe, se apaixone por ele.

No início da Stone, como o time viajava com frequência do Rio de Janeiro para São Paulo, alugamos um apartamento onde as pessoas podiam passar algumas noites. No playground do prédio, uma vez por mês organizávamos um encontro com as Ligas de Empreendedores, grupos de jovens com o sonho de abrir o próprio negócio. Pedíamos pizza e conversávamos por horas, oferecendo conselhos e tirando dúvidas. Foi uma época em que conhecemos muita gente boa, algumas das quais mais tarde se juntaram à companhia.

Rituais

Para que a nossa cultura não se perca em meio ao crescimento exponencial, criamos na Stone alguns rituais. São momentos destinados a compartilhar aprendizados, mostrar os bastidores de como a empresa está sendo construída e falar sobre nossa cultura — afinal, de nada adianta reunir talentos se ao longo do tempo deixarem de se identificar com ela ou de colocá-la em prática. Temos essa disciplina de reforçar aquilo em que acreditamos, pois isso ajuda as pessoas a relembrar, desenvolver e perpetuar nossos princípios.

Há quatro rituais principais. O primeiro é o Welcome, treinamento para todas as novas pessoas que chegam à empresa, durante o qual falamos sobre a nossa cultura, história e mercado, transmitindo a paixão pelo lojista e explicando a forma como operamos e servimos.

O segundo é o Bate-Papo, que começou semanal e se tornou quinzenal, em que falamos sobre temas prioritários para a empresa ou acontecimentos relevantes do período, compartilhamos problemas e apresentamos o lançamento de produtos. Depois, de forma transparente, acolhemos perguntas. É um momento em que os donos dos assuntos passam seus recados, assumem a responsabilidade por erros cometidos e esclareçam dúvidas ao vivo, diante de toda a empresa. Não há tabu. Qualquer tema pode ser pauta e toda pergunta é válida.

O terceiro ritual é o Recruta. Para quem vê de fora, é um dos maiores processos seletivos do país, que acontece todo semestre com o objetivo de contratar gente boa e alinhada aos valores da empresa. Na edição de 2020, foram mais de 100 mil inscritos. Para quem vê por dentro, é uma aula sobre como atrair talentos e contratar incentivando o autoconhecimento dos candidatos e da equipe. Na fase das entrevistas, os mais experientes conduzem as conversas e cerca de duzentas pessoas de diferentes áreas são convidadas a assistir. Assim, aprendem o jeito Stone de entrevistar, que tem uma profundidade que vai muito além do currículo. A ideia é que quem acompanha o Recruta volte para suas funções refletindo sobre até que ponto conhecem seus respectivos times e a si mesmas. Inspiradas pela experiência, são capazes de reproduzi-la, garantindo assim um padrão de seleção na companhia.

O quarto ritual é o Stonecamp, que conecta as pessoas à estratégia da companhia e reforça pilares importantes de liderança e cultura. Inicialmente, todos da Stone eram convidados a participar. Com o crescimento da empresa, tornou-se inviável juntar tanta gente ao mesmo tempo. No entanto, em 2020, em função da pandemia, o evento se tornou on-line e voltou às origens, aberto a 100% da companhia.

Conquistando o próprio espaço

Uma vez dentro da Stone, o incentivo é para o desenvolvimento contínuo. Sempre haverá um desafio maior à espera, um espaço a ser ocupado. No entanto, ninguém se torna líder por uma trilha de carreira tradicional ou promoção planejada. Para assumir essa função, é preciso abraçar a oportunidade de resolver um problema, empreender um projeto, buscar conhecimentos novos e demonstrar um comprometimento total com a empresa. É um processo que premia quem tem alto desempenho, independentemente do cargo.

Como diz Bernardinho, ex-técnico da seleção brasileira de vôlei e parceiro da Stone no desenvolvimento da liderança interna, "o líder não decide ser líder, quem o escolhe são os outros". Isso não significa que, ao serem escolhidas, as pessoas estão preparadas para o que vem pela frente. Ser líder é um processo de aprendizado que envolve conhecer o método de quem já trilhou esse caminho, receber orientação de pessoas mais experientes e estar sempre aberto a feedbacks. Nesse sentido, a leitura é uma grande aliada. A Stone recomenda a todos que entram na empresa a leitura do livro *Paixão por vencer*, do ex-CEO da GE Jack Welch, reconhecido como um dos melhores gestores da história.

A princípio, um líder pode emergir de duas maneiras. A primeira é, de forma recorrente, abraçar um problema com unhas e dentes e trabalhar até o fim para resolvê-lo. Quando um desafio é superado, uma das consequências é que se adquire conhecimento sobre a área em questão. Além disso, significa que houve competência na gestão. Assim, a pessoa se torna naturalmente "dona" do assunto. Em 2016, um rapaz assumiu a parte operacional do financeiro da Stone. Em pouco tempo, identificou diversas ineficiências e tornou os processos mais simples e inteligentes, descobrindo novas maneiras de reduzir gastos sem prejudicar o cliente ou o caixa da empresa. No primeiro mês, conseguiu resgatar cerca de 3 milhões de reais. No seguinte, mais R$ 7 milhões. Em três meses, assumiu a área.

Outro caminho para assumir um papel de liderança na Stone é a necessidade. Às vezes, algumas pessoas são convidadas para novos desafios quando menos esperam. Um agente do time de polos, que passou pelo processo de formação de líderes do comercial em 2017, recebeu alguns feedbacks negativos durante o treinamento. A conclusão foi que ele ainda não estava pronto para assumir uma responsabilidade maior. Um tempo depois, a mesma pessoa que o havia avaliado o convidou para assumir um polo no Rio Grande do Sul. Seria uma oportunidade de aprender na prática. E rápido. A operação começaria com apenas três pessoas. Parte da nova função do agente seria contratar mais pessoas e montar um escritório. Ele tinha as competências necessárias para isso, e se dedicou a aprender sobre gestão, planejamento e liderança, mantendo a rotina de sempre ir para a rua com os outros agentes. Nos dez meses seguintes, a equipe superou as metas. O resultado foi a combinação, sempre poderosa, de esforço e busca por conhecimento.

O papel do líder

Gestão e liderança são fundamentais para conciliar os desafios de longo prazo com as pressões de curto prazo. Para nós, um bom líder domina o conteúdo técnico e os processos específicos de sua área, mas acima de tudo se conecta com o time na busca pelos melhores resultados, sempre tendo em mente o bom atendimento ao cliente. Além disso, precisa ter generosidade para ensinar o que sabe, coerência para praticar o que ensina e humildade para perguntar o que desconhece. Seu papel é difundir a visão da empresa, inspirar as pessoas e engajá-las no sonho, fazendo todos se sentirem parte da obra — ou seja, mostrar o sentido que conecta o trabalho duro de cada um no dia a dia. Como escreveu Jack Welch, "líderes se asseguram de que as pessoas não apenas enxerguem a visão, mas que vivam e respirem a visão".

Um líder da Stone deve construir relações de confiança e criar um ambiente em que as pessoas se sintam dispostas a expor vulnerabilidades e seguras para correr os riscos inerentes à inovação. Para isso, precisam se interessar genuinamente pelas pessoas da equipe, e não apenas pela função que desempenham. Também é importante que saiba orientar o time a buscar equilíbrio e autoconhecimento, pois um bom desempenho em um ambiente desafiador só é possível cuidando da saúde física e mental.

O líder precisa ter a cultura da empresa arraigada na alma e ser o guardião dos seus valores, servindo como exemplo e orientando aqueles que o cercam a viver pelos mesmos princípios e apontando atitudes que não estejam de acordo com a conduta que se espera de cada um. Isso significa, em certos momentos, ter conversas difíceis, dar feedbacks assertivos e tomar decisões impopulares para evitar consequências negativas para o futuro da companhia.

Outro papel fundamental do líder é preparar sucessores. Assim, sempre terá a seu lado pessoas preparadas para acompanhar o crescimento da empresa. Um bom líder ensina as tarefas diárias e mostra as melhores práticas e os segredos aprendidos ao longo de sua jornada profissional. Em vez de se colocar em um pedestal, em uma posição de superioridade, deve jogar junto, priorizar o coletivo e dar o exemplo.

Por fim, o líder deve reconhecer suas falhas, pedir feedback de seu time e pares e escutar opiniões divergentes. Afinal, como também se fala muito na Stone, pedras que rolam não criam limo.

INSIGHTS

Reúna gente melhor do que você. Para a empresa prosperar, contrate pessoas excepcionais, capazes de questionar o time e agregar novas habilidades. Mantenha o sarrafo alto para criar um círculo virtuoso: gente boa gosta de trabalhar com gente boa. Pense sempre no seu sucessor.

Menos currículo, mais potencial. Para as pessoas superarem grandes desafios, importa menos o que já sabem ou fizeram e mais sua capacidade de aprender e se reinventar. Em vez de priorizar a experiência prévia, a Stone avalia três parâmetros: inteligência, energia e integridade.

Crie rituais. A cultura deve ser perpetuada por meio de rituais, símbolos e encontros periódicos para que sejam mostrados na prática os valores que sustentam a companhia.

Líderes emergem. Não espere que as pessoas estejam preparadas para ser líderes. Deixe que conquistem seu espaço ou lhes dê um desafio maior para que provem seu potencial.

Humildade. O que faz com que as pessoas da Stone continuem melhorando a cada dia e formando um time forte é a humildade. Elas estão sempre disponíveis para aprender com quem está perto, descobrir novas soluções, reconhecer suas falhas e dar espaço para outras pessoas se destacarem de acordo com seu desempenho.

Mudar o mundo

Talvez uma das melhores explicações para o sucesso alcançado pela Stone nestes primeiros oito anos de vida seja o fato de, em vez de estarmos preocupados apenas com os resultados da empresa, termos criado uma cultura única. A razão da nossa existência estava clara desde o início: ajudar o pequeno e médio empreendedor brasileiro a vender mais, gerir melhor seu negócio e crescer sempre. Em um país com taxas de juros elevadas, instabilidade econômica, altos impostos e falta de incentivos, queríamos ser uma alavanca para seu empoderamento, além de ser uma parceira que entende exatamente os altos e baixos de quem vive atrás do balcão. Para nós, só faz sentido expandir a operação se tornarmos a vida dos clientes mais fácil, apresentando soluções para seus desafios e consequentemente contribuindo para criar mais possibilidades de negócios, empregos e desenvolvimento.

Acreditamos no *capitalismo com empatia*. Buscamos benefício e aprendizado mútuo em todas as interações, criando relações de confiança com base no chamado ganha-ganha, a crença de que um não precisa perder para o outro vencer. Com o desenvolvimento de ferramentas para aumentar a fidelidade dos consumidores, facilitar o controle das vendas ou simplificar o acesso ao crédito, sabemos que estamos ajudando o Brasil a se tornar um lugar melhor para os empreendedores.

Partindo do propósito de transformação social, atraímos mais gente que se identifica com a mesma causa e nos ajuda a tornar o sonho realidade. Reunimos empreendedores — não executivos — que priorizam o coletivo, conscientes de que, quando o negócio vai bem, todos prosperam. Essa missão é o combustível para continuarmos a quebrar paradigmas no setor financeiro.

Fazer diferente do que manda o status quo requer muita energia e criatividade. Se as pessoas não souberem por que estão embarcando na aventura de transformar a realidade todos os dias, dificilmente acompanharão o ritmo que ela exige. Por essa razão, o entusiasmo pelo objetivo que temos em comum é fundamental.

Muito já mudou, mas há muito por fazer

Ao investir em um modelo para servir melhor o cliente, a Stone não apenas criou soluções inéditas dentro de casa como também questionou práticas de mercado. Ser novata em um setor dominado por grandes competidores requer uma dose elevada de coragem. Junto com outros ingressantes dessa indústria e de varejistas que apontavam dores e questões a serem melhoradas nos processos de pagamentos, propusemos discussões com os órgãos reguladores nacionais, que foram aos poucos criando novas medidas para modernizar o mercado, nivelar o campo de jogo e aumentar a possibilidade de competição.

Na época em que a Stone começou a operar, Edson Santos, especialista com mais de vinte anos de experiência no mercado de meios eletrônicos de pagamentos, apontou que, mesmo depois da retirada da exclusividade entre as bandeiras de cartões e as adquirentes no início dos anos 2010, facilitando a entrada de novos participantes nesse mercado, ainda existiam muitas barreiras. O setor havia passado anos com extrema concentração e verticalização. Participamos de vários debates e contribuímos para solucionar alguns obstáculos. Além de querer ajudar os empreendedores com nossos produtos, também buscávamos fazer nossa parte para melhorar o setor financeiro, gerando benefícios para todos os cidadãos, fossem ou não nossos clientes.

Com nosso olhar atento e vigilante a tudo o que diz respeito ao ecossistema de pagamentos do Brasil, questionamos, por exemplo, o convênio vigente entre os bancos para transferências de valores entre contas (TEDS e DOCS). O Sistema de Transferência de Fundos (Sitraf), criado em 2001, é a infraestrutura usada para operacionalizar as TEDS, com regras e tarifas definidas por autorregulação — ou seja, os próprios participantes estabeleceram como o sistema funcionaria. Quando a Stone começou a enviar e receber dinheiro dos bancos, fizemos um estudo e decidimos operar sem aderir ao estabelecido pelo Sitraf, nos conectando diretamente à infraestrutura provida pelo Banco Central, o Sistema de Transferência de Reservas (STR). Assim, era possível oferecer o mesmo serviço, mas cobrar menos do empreendedor. Os concorrentes tiveram que tomar uma atitude, e desde então, em termos gerais, as tarifas de transações entre os bancos foram substancialmente reduzidas.

A Stone cresceu, atraiu novos clientes e se tornou uma empresa relevante no mercado, com quase 10% de participação, mas seguiu fiel a seus princípios.

Continuamos apoiando todas as iniciativas para tornar o setor financeiro menos concentrado e verticalizado, cientes de que concorrência é sinônimo de inovação e opção para as pessoas.

Durante todos estes anos, temos acompanhado com entusiasmo o trabalho que o Banco Central brasileiro vem realizando por meio das agendas BC+ e BC#, que estimulam a democratização financeira atraindo novos participantes, promovendo a queda no custo do crédito, modernizando a regulamentação e aumentando a eficiência do sistema, a inclusão social e a transparência.

Recebemos com entusiasmo iniciativas recentes como o Pix e o open banking. A primeira é um novo meio de pagamentos, mais rápido, seguro, simples e barato, disponível 24 horas por dia, sete dias por semana. Esse novo recurso conta com um conjunto de regras neutras para todos os participantes do sistema financeiro, uma vez que o Banco Central as define e também provê sua infraestrutura, garantindo assim acesso indiscriminado a todos. Já o open banking tem dois princípios. O primeiro é manter o cliente, seja ele o consumidor, seja o lojista, como dono de seus dados e permitir que compartilhe suas informações com instituições com as quais quiser se relacionar. O segundo é viabilizar esse compartilhamento por meio de uma infraestrutura padronizada. Como o acesso das instituições financeiras e de pagamento aos dados dos clientes é fundamental para a oferta de produtos e serviços atrativos, a iniciativa tende a ampliar a competição, possibilitando aos consumidores encontrar as ofertas de serviços e crédito mais vantajosas para seus negócios.

Queremos que cada vez mais empresas possam se juntar ao nosso esforço de transformar o Brasil. O aumento do número de start-ups no mercado é um sinal positivo de que nós estamos cumprindo nossa missão: há mais gente trabalhando com vontade de mudar o mundo para melhor.

Impacto além do negócio

Além de servir o empreendedor por meio do nosso negócio principal, também investimos em causas que estão de acordo com nossas crenças. Acreditamos que, para transformar o mundo como sonhamos, precisamos destinar tempo e recursos para vencer desafios sociais, e é por isso que investimos em educação e no empreendedorismo. A educação transforma vidas, diminui desigualdades e dá aos jovens a possibilidade de ganhar conteúdo e consciência sobre como querem empreender sua própria vida, permitindo que todos os talentos alcancem sua máxima expressão. O empreendedorismo gera inovação, cria empregos e contribui para o desenvolvimento sustentável do país. Há outras áreas nas quais podemos investir no futuro, mas inicialmente escolhemos nos concentrar nas que estão mais afinadas ao nosso propósito.

Somos a principal apoiadora do Instituto Alpha Lumen, instituição para o desenvolvimento de crianças com altas habilidades. Criado em 2013 pela física, astrônoma e educadora Nuricel Villalonga Aguilera, desde sua fundação tem impactado milhares de jovens de escolas públicas e comunidades de baixa renda, estimulando-os a alcançar seu potencial e compartilhar seus talentos para contribuir positivamente com seu entorno. O instituto tem diversos projetos, além de uma escola de ensino fundamental e médio localizada no interior de São Paulo, na qual uma parte dos alunos recebe bolsa e não paga mensalidade. A seleção dos bolsistas ganhou o nome de Clube dos Sonhos, e o time da Stone, além do apoio financeiro, participa do processo e oferece mentoria aos estudantes.

Apoiamos a Olimpíada Brasileira de Matemática, um evento de alcance nacional que incentiva as crianças a estudarem e lhes proporciona novas oportunidades, colocando seus talentos em evidência. Criamos também nossas próprias iniciativas para incentivar o estudo, como o Top Minds Challenge, desafio de raciocínio lógico que premia os vencedores com bolsas de estudo, o podcast Literalmente, com episódios sobre livros que inspiraram grandes líderes, e o site Biblioteca Stone Co., em que disponibilizamos dicas de livros e videoaulas sobre as principais mensagens das obras que nos inspiram. Desde o início da Stone fomentamos o ecossistema de empreendedores por meio de participação em eventos e mentorias, falando sobre nossa experiência e contribuindo para a formação das novas gerações.

Em 2019, com a missão de promover estudos e expandir o debate sobre o sistema financeiro, e assim estimular o aumento da competição e a inclusão financeira no país, a Stone criou o Instituto ProPague, que conta com uma rede de parceiros para disseminar conhecimento, elaborando materiais de referência e organizando eventos com acadêmicos, autoridades reguladoras e profissionais da área para falar sobre assuntos relacionados aos sistemas financeiro e de pagamentos de forma simples e acessível. O objetivo é que cada vez mais pessoas se sintam capazes de participar do mercado financeiro no Brasil e contribuam para democratizar os serviços do setor.

Desde o início da pandemia do novo coronavírus, nos mobilizamos, cientes do impacto imenso que esse contexto teria sobre os pequenos negócios. Por meio de linhas de microcrédito, destinamos mais de 100 milhões de reais para os segmentos mais afetados pelo isolamento social. Fizemos também doações para a compra de máscaras e equipamentos de proteção para os hospitais, apoiamos a construção de um hospital de campanha no Rio de Janeiro e nos unimos a outras empresas para doar recursos para a construção de uma fábrica que produzirá no Brasil a vacina desenvolvida pela Universidade de Oxford e pelo laboratório AstraZeneca.* Identificamos que muitos comerciantes, sem a alternativa de vendas e atendimento por canais digitais, tiveram que fechar suas portas. Para ajudá-los, lançamos o projeto Cuide do Pequeno Negócio, uma plataforma gratuita com ferramentas de anúncio e vendas nas redes sociais, contribuindo para a digitalização das pequenas e médias empresas.

---

* Também participaram da iniciativa a Ambev, a Americanas, o Itaú Unibanco, o Instituto Votorantim, a Fundação Lemann, a Fundação Brava e a Behring Family Foundation.

Ser feliz é fundamental

Ajudar milhões de empreendedores no Brasil é o sonho da Stone, mas tão importante quanto isso é cuidar de cada um que escolhe embarcar nessa jornada conosco. Uma pergunta recorrente na empresa é: você está feliz? Acreditamos que o trabalho, muito mais do que um meio para ganhar dinheiro, é uma maneira de se realizar como ser humano, de aplicar seus talentos em benefício da sociedade e se desenvolver como pessoa. Como estar feliz é parte essencial do caminho que percorremos juntos, exploramos esse tema em nossas conversas semestrais de avaliação de desempenho e feedback.

Queremos nos unir a todos aqueles que veem sentido no que fazemos, assumindo responsabilidades com alegria e entusiasmo, orgulhosos de escrever um novo capítulo na história dos meios de pagamento no país. Desejamos ajudar as pessoas a descobrirem mais sobre si mesmas e encontrarem seus caminhos — afinal, quanto mais realizadas elas são, mais expressam seu potencial.

Só temos uma vida. Acreditamos que a separação entre vida profissional e pessoal é uma ilusão, e incentivamos as pessoas a viverem bem o tempo inteiro, seguindo aquilo em que acreditam e transformando seu dever em prazer, usufruindo cada momento.

Foi pensando na realização humana por meio do trabalho que criamos um ambiente eletrizante, um time que pode ser visto como quase louco de tão apaixonado pelo que realiza, trabalhando de forma incansável porque gosta do que faz, acreditando em sua causa e não se conformando apenas com o que existe — tanto em si mesmo como no mundo.

INSIGHTS

Tenha uma causa. Construir uma empresa é muito mais do que ter uma ideia, lançar produtos e juntar pessoas. É servir o cliente. É a oportunidade de criar um propósito para mudar o mundo e fazer a diferença.

As possibilidades são infinitas. Para gerar transformação, muitas vezes é necessário ter coragem para ir além dos limites da empresa e questionar as práticas de mercado, incentivando a inovação.

Fazer o bem faz bem. Uma empresa pode impactar positivamente a sociedade. Assim, invista em iniciativas que vão além de seu negócio principal, desde que estejam de acordo com os seus valores e suas crenças.

A vida é uma só, então viva bem. A separação entre vida profissional e pessoal é uma ilusão, por isso o ideal é que o trabalho seja uma fonte de desenvolvimento e realização.

Ser o impossível

Se há uma lição que aprendi com o time da Stone é que não existem missões impossíveis se houver gente esforçada e resiliente reunida em um bom ambiente de trabalho. Quando o objetivo parece inalcançável, é preciso ter coragem, persistir, nunca perder de vista o seu propósito e manter a motivação. Aprender o tempo inteiro, sobretudo com os erros, e todos os dias se entregar apaixonadamente às tarefas. Chamar para si as responsabilidades, evitar o papel de vítima e encarar cada adversidade como oportunidade de melhora e crescimento.

Não é à toa que o grito de guerra da Stone, o "Aú", é inspirado na cena do filme *300*, do diretor Zack Snyder, em que o rei Leônidas, de Esparta, é questionado sobre o baixo número de soldados que trazia para a guerra, considerando que a força inimiga apresentava um contingente muito maior. "Espartanos, qual sua profissão?", perguntou o rei aos guerreiros. Eles responderam com um grito de guerra — "Aú, Aú, Aú" —, se mostrando absolutamente prontos e destemidos para a batalha. A recompensa é que, em algum momento dessa jornada, o resultado aparece. O que antes parecia um delírio começa a tomar forma. Pouco a pouco, os caminhos para superar barreiras antes intransponíveis se apresentam.

Todas as nossas conquistas são resultado da dedicação que colocamos em todos os projetos e dos ajustes de rota que fizemos e somos obrigados a fazer todos os dias. Conseguimos prosperar como uma companhia independente em um mercado que, menos de dez anos atrás, era extremamente concentrado e verticalizado, dominado por duas grandes empresas. Poucos acreditavam que, começando do zero, seríamos capazes de enfrentar a concorrência. Hoje servimos mais de 500 mil clientes no Brasil inteiro e reunimos uma equipe de 6 mil pessoas que se desafiam todos os dias. Tiramos planos ousados do papel: criamos tecnologia dentro de casa, nos tornamos referência em atendimento ao cliente com seres humanos à frente da operação, organizamos um time comercial que atende os lojistas em seu balcão, fomos muito além do mercado de pagamentos, fizemos um IPO em tempo recorde e abrimos caminho no setor financeiro para mais empresas inovadoras fazerem parte desse ecossistema.

Um conselho aos empreendedores que estão lendo este livro: acredite nos seus sonhos, ainda que muita gente afirme ser impossível alcançá-los. Seja qual for o contexto, faça o que está sob a sua responsabilidade, planejando e se esforçando muito. Corra atrás de suas paixões. Não aceite não como resposta. Siga em frente, seja lá o que encontrar pelo caminho, contornando imprevistos e corrigindo o que não der certo. E, quando chegar aonde queria estar, continue imaginando possibilidades mais ousadas.

Tudo o que construímos foi feito com base nos conceitos apresentados nas páginas deste livro. Temos o cliente como razão da existência da empresa, começamos pequeno, usamos a tecnologia para aprimorar nossos processos, reunimos gente boa, nos inspiramos nas melhores práticas e criamos um propósito além do sucesso financeiro. Foi a partir desses fundamentos que tomamos decisões e refinamos nossas escolhas — e tudo isso vem gerando resultados positivos. E aqui vai outro conselho: saiba exatamente quais são a sua cultura e os seus valores inegociáveis e cresça a partir deles.

Celebramos tudo o que conquistamos até aqui, mas sabemos que estamos só no começo. Parafraseando Jeff Bezos, o fundador da Amazon, mantemos o espírito de "Dia 1". Preservamos a vitalidade como se fôssemos uma companhia que acabou de nascer, ainda com muito a realizar num mercado em transformação. Acompanhamos as mudanças do mundo e mantemos a alta velocidade na tomada de decisões.

Sabemos que ainda há várias oportunidades a serem exploradas, pois a sociedade vai continuar se transformando, e os empreendedores precisarão de um parceiro que os ajude a navegar em um mundo cuja complexidade só aumenta. Mesmo no contexto atual, eles têm várias demandas que ainda não conseguimos resolver e que serão o combustível para continuarmos evoluindo. Dentro da nossa companhia, também há muito a ser aperfeiçoado. Vamos automatizar a gestão de processos, aprimorar os controles internos e manter a cultura de correr riscos. Queremos ampliar nosso portfólio de produtos e serviços, entrar em novos mercados, elevar continuamente o nível do atendimento e trazer ainda mais gente boa para empreender conosco.

Desejamos contribuir para a digitalização e evolução do varejo e para a modernização dos serviços financeiros. Acreditamos que, ao servir os nossos clientes e seus sonhos, destravando seu potencial e incentivando a força realizadora de cada um deles, juntos transformaremos o país. Ao fomentar o empreendedorismo, vamos contribuir para gerar mais empregos, reduzir a desigualdade econômica e acelerar a inclusão social. É para isso que nascemos. Nosso projeto é de longo prazo. Mas, assim como nossos empreendedores, que precisam ser atendidos em cinco segundos e se concentrar no que realmente importa, não temos tempo a perder.

Sugestões de leitura

A mentalidade do fundador, Chris Zook e James Allen
A startup enxuta, Eric Ries
Blitzscaling: O caminho mais rápido para construir negócios extremamente valiosos, Reid Hoffman e Chris Yeh
Business Model Generation: Inovação em modelos de negócios, Alexander Osterwalder e Yves Pigneur
Como chegar ao sim, Roger Fisher, William Ury e Bruce Patton
Como fazer amigos e influenciar pessoas, Dale Carnegie
Desvendando a cadeia de valor do cliente, Thales S. Teixeira
Empresas feitas para vencer, Jim Collins
Equipes brilhantes, Daniel Coyle
Extreme Ownership, Jocko Willink
Gestão de alta performance, Andrew S. Grove
How Champions Think: In Sports and in Life, Bob Rotella
Inteligência emocional, Daniel Goleman
Meios eletrônicos de pagamento, Istvan Kasznar

Novos negócios no Brasil, Silvio Meira
O dilema da inovação, Clayton M. Christensen
O jeito Disney de encantar os clientes, Disney Institute
O lado difícil das situações difíceis, Ben Horowitz
O livro vermelho de vendas, Jeffrey Gitomer
Os 7 hábitos das pessoas altamente eficazes, Stephen R. Covey
Pagamentos 4.0, Edson Luiz dos Santos e Luis Felipe Cavalcanti
Paixão por vencer, Jack Welch
Princípios, Ray Dalio
Satisfação garantida, Tony Hsieh
Startup: Manual do empreendedor, Steve Blank e Bob Dorf
The Essays of Warren Buffett, Warren Buffett e Lawrence A. Cunningham,
Transformando suor em ouro, Bernardinho

Agradecimentos

Fiz este livro para falar sobre a cultura da Stone e compartilhar aprendizados. Mas tudo o que vivi e testemunhei só foi possível porque muita gente fez parte dessa história.

Agradeço a todo o time desta maravilhosa empresa.

A cada um de nossos clientes, em particular ao Geraldo Mineiro, pela confiança depositada ao aceitar ser o primeiro.

Pelas sábias orientações em momentos decisivos, agradeço a Vicente Falconi, Mauricio Luchetti, Beto Sicupira e Marcel Telles. E pelas preciosas orientações pessoais, agradeço a Fersen Lambranho e Luis Eduardo Baptista.

Agradeço aos apoiadores e investidores Henry Ellenbogen e Greg Penner, aos conselheiros Tom

Patterson e Roberto Thompson e ao economista Arminio Fraga, que sempre acreditou em nós.

Agradeço ao Roberto e Jaques Meier, do Grupo Padrão, pelos aprendizados e pelo seu esforço em reunir conteúdo e criar programas sobre tendências do varejo. Também agradeço a Eduardo Terra, Alberto Sorrentino e Ronald Nossig pela dedicação em modernizar e desenvolver o varejo brasileiro.

Agradeço aos consultores, palestrantes e investidores Edson Santos e Antonio Castilho por mapearem e nos ajudarem a enxergar os caminhos que deveriam ser trilhados para que tivéssemos um mercado de pagamentos mais competitivo e eficiente.

Agradeço a confiança de nossos acionistas que estiveram ao nosso lado desde o início da empresa, sempre acreditando neste grupo de pessoas jovens querendo construir algo diferente.

Agradeço a dedicação de vários parceiros e fornecedores que nos apoiaram na construção de nossa plataforma tecnológica e soluções de relacionamento com cliente, tais como Salesforce e Microsoft.

Agradeço às associações do varejo que sempre mantiveram suas portas abertas ao diálogo para dividir necessidades e pensar em possibilidades de colaboração: Abrasel, Abras, Allshop, Apas, Abad e ABF.

Agradeço à Nuricel Aguilera, com seu incansável

trabalho que nos mostrou como levar educação e conteúdo para formar jovens e mudar a realidade de cada um deles.

Ao longo da jornada de criação deste livro, tive o privilégio de atuar ao lado da Marcela Bourroul e da Ariane Abdallah. Obrigado por me ensinarem como isto funciona.

Por fim, dedico este livro à Maria. Agradeço todo dia por estar no seu coração.

Sobre os autores

AUGUSTO LINS é um dos sócios fundadores da Stone Pagamentos e presidente da StoneCo. Formado em engenharia eletrônica pela UFRJ, iniciou a carreira como empreendedor e depois passou por várias instituições do setor financeiro, como NM Rothschild, Unibanco, Fininvest, Hipercard, Itaú e Redecard. Cursou MBA na Boston University, PGA na Fundação Dom Cabral e OPM na Harvard Business School.

MARCELA BOURROUL é jornalista e sócia do Atelier de Conteúdo. Formada pela Universidade de São Paulo, trabalhou como repórter na Editora Globo, em veículos como *Época Negócios*, *Crescer* e *Pequenas Empresas & Grandes Negócios*.

TIPOLOGIA Miller e Sharon
DIAGRAMAÇÃO Osmane Garcia Filho
PAPEL Pólen Bold, Suzano S.A.
IMPRESSÃO Geográfica, fevereiro de 2025

A marca FSC® é a garantia de que a madeira utilizada na fabricação do papel deste livro provém de florestas que foram gerenciadas de maneira ambientalmente correta, socialmente justa e economicamente viável, além de outras fontes de origem controlada.